KB175223

세계화의 진전과 도전

이 저서는 2018년 정부(교육부)의 재원으로 한국연구재단 대학인문역량
강화사업(CORE)의 지원을 받아 수행된 저서임

세계화의 진전과 도전

15

안상욱 지음

목 차

제 1 장

세계화는 무엇인가?*

1.1. 세계화의 개념정립

세계화는 1972년 George Modelski가 18세기와 19세기에 유럽의 팽창에 따른 세계 경제 질서 편입을 언급하면서 사용하였다.[1] 그러나 1980년대에는 세계화보다는 국제화라는 단어가 훨씬 더 많이 쓰였다.

세계화라는 단어의 사용은 1990년대에 급증하였다. 일례로 미국 의회도서관의 도서목록에서 '세계화(Globalization)'로 입력된 책은 1994년 34권에서 1999년 693권으로 증가하였다.[2] 2000년대 들어서서 이러한 경향은 가속화되어 2005년에는 5245권으로 증가하였다.

세계화라는 단어가 널리 쓰임에도 불구하고, 이에 대해 전 세계 차원에서 동의된 정의는 존재하지 않는다. 따라서 세계화라는 단어

---

* [1. 세계화는 무엇인가?]에서 다음의 논문이 활용되어 재구성되었다.
  안상욱, 「세계화와 세방화의 구현: 수렴성과 다양성의 선택」, 『인문연구』 57호 (2009), pp. 291-316.

1) Crochet, Alain, "Le concept de globalization: mythe et réalité", In Martine Azuelos (Ed), *Le modèle économie anglosaxon à l'épreuve de la globalisation*, 1996, p.35.

2) Scholte, Jan Aart, *Globalization: a critical introduction*, New York: ST. Martin's Press, INC. 2000, p.14.

를 사용할 때, 항상 모호성이 존재한다. 이는 세계화에 대한 일치된 관점이 없기 때문이다.

이러한 상황에 대해서 Jan Aart Scholte가 그의 책 "세계화: 비판적 개설서 (Globalization: a critical introduction)"에서 다음의 견해들로 세계화에 대한 입장을 정리하였다.

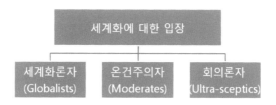

출처: Jan Aart Sholte. *Globalization: A Critical Introduction* (2000), pp.17-18. 재구성

<그림 1.1.-1> 세계화에 대한 입장

세계화를 현대사회에서 가장 중요한 현상으로 규정하는 세계화론자 (Globalist), 세계화의 중요성 또는 존재 자체를 부정하는 회의론자 (Ultra-sceptics), 그리고 세계화의 중요성을 인정하지만 세계화가 세계 질서의 한 측면일 뿐이지, 세계화로 세계 질서의 모든 것이 다 바뀔 수 없다는 온건주의자(Moderates)로 구분하였다.

회의론자들로는 "세계화된 경제"는 신화일 뿐이라는 Zysman,[3] 다국적 기업의 운영방식은 국가 간 교류의 틀을 벗어나지 못했다는 Kapstein,[4] Ruigrok과 Van Tulder,[5] 세계화가 주권국가에 바탕을 둔

---

3) Zysman, J., "The Myth of a "Global" Economy: Enduring National Foundations and Emerging Regional Realities", *New Political Economy*, 1-2, June 1986, pp.157-84.

4) Kapstein, E.B., "We are US: the Myth of the Multinational", *The National Interest*, 26, Winter 1991-2, pp.55-62.

5) Ruigrok, W. and Van Tulder, R., *The Logic of International Restructuring: the Management of*

세계정치체제를 전혀 바꾸지 못하였다는 Krasner[6]와 Nicholson[7]을 예로 들 수 있다.

세계화를 현대 사회에서 가장 중요한 현상으로 규정하는 세계화론자 (Globalist)는 세계화에 부정적인 견해와 긍정적인 견해로 나눠진다. 세계화에 대해 긍정적인 견해를 피력하는 세계화론자에는 재계[8] 및 정계의 지도자와 Kenichi Ohmae,[9] John Naisbitt은 '국경 없는 세계(Borderless World)'를 주창하고 있다. 반면에 세계화론자에는 세계화에 부정적인 견해를 피력하고 있는 Barnet과 Cavanagh,[10] Brecher과 Costello,[11] Korten[12] 등은 다국적 기업의 세계지배를 비판하고 있다.

한편 De Senarclens,[13] Boyer[14] 같은 학자들은 세계화의 중요성은 인정하지만, 세계화 자체만으로는 현대 사회에서 가장 중요한 변화가 될 수 없다고 하고 있으며, 세계화는 생산, 거버넌스, 지식체계에서 일어나고 있는 변화와 밀접하게 연관되어 있다고 하고 있다. 또

Dependencies in Rival Industrial Complexes, London: Routledge, 1995.

6) Krasner, S.D., "International Political Economy: Abiding Discord", *Review of International Political Economy*, 1-1, Spring 1994, pp.13-19.

7) Nicholson, M., "How Novel is Globalisation?" In M.Shaw (Ed.), *Politics and Globalisation: Knowledge, Ethics and Agency*, London: Routledge, 1999, pp.23-34.

8) Naisbitt, John, *Global Paradox: the Bigger the World Economy, the More Powerful Its Smallest Players*, London: Brealey, 1994.

9) Ohmae, K., *The Borderless World: Power and Strategy in the Interlinked Economy*, London; Fontana, 1990.

10) Barnet, R.J. and Cavanagh, J., *Global Dreams: Imperial Corporations and the New World Order*, New York: Simon and Schuster, 1994.

11) Brecher, J. and Costello, T., *Global Village or Global Pillage: Economic Reconstruction from the Bottom Up*, Boston, M.A.: South End Press, 1994.

12) Korten, D.C., *Getting to the 21st Century: Voluntary Action and the Global Agenda*, West Hartford, CT: Kumarian Press, 1995.

13) De Senarclens, Pierre, *La mondialisation : théories, enjeux et débats*, Paris: Armand Colin, 2005.

14) Boyer, Robert (Ed.), *La Mondialisation au-delà des mythes*, Paris: La Découverte, 2000.

한 세계화에 의한 변화는 국가 별로 차이가 크고, 도시와 농촌에서도 이러한 차이가 관찰된다고 하고 있다.

이러한 세계화에 관련한 입장에서, 본 원고에서는 세계화는 중요하지만 그 자체가 가장 중요한 세계적 변화는 아니며, 각 국별로 또한 국내 지역별로 편차가 있다는 온건주의 입장을 견지한다.

그리고 세계화에 의해 일어난 변화에서 중요성을 갖는 것으로 '국제화(Internationalization)', '자유화(Liberalization)', '보편화(Universalization)'을 들 수 있다.

"국제화"는 국가 간에 국제교역 그리고 국가 간 상호의존성의 증가로 설명된다. Paul Hirst와 Grahame Thompson[15]은 국가간의 무역과 자본의 이동의 증가를 세계화로 규정하였다.

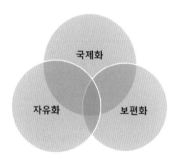

<그림 1.1.-2> 세계화의 주요 측면

---

15) Hirst, Paul and Thompson, Grahame, "Globalization : Ten Frequently asked questions and some surprising answer", Sounding, 4, Autumn 1996, pp.47-66,

"자유화"는 제약 없고, 개방된 세계경제를 완성하기 위해 정부차원의 제약을 제거하는 과정이다. 무역장벽, 외환거래 규제, 자본이동에 대한 통제를 완화하거나 폐지하는 작업이 이에 해당한다. Sander[16]는 이러한 측면에 주목하여 세계화는 세계경제가 통합되는 과정이라고 하였다.

"보편화"는 전 세계차원에서 문화가 통합되는 것을 의미한다. 이런 측면에서, 세계화는 다양한 상품과 경험이 전 세계 차원에서 확산되는 것을 의미한다. 예를 들어, 휴대전화, 자동차 문화의 확산 등이 여기에 해당한다.[17]

이러한 "국제화", "자유화", "보편화"를 종합하면, 세계화는 국제 간의 활발한 상품이동이, 각 국의 규제완화에 의해 활성화되고, 이를 통해 전 세계적으로 하나의 물품 나아가 가치가 확산되는 것을 의미한다.

예를 들어, 코카콜라, 개인용 컴퓨터, 휴대전화 문화의 전 세계적 확산이 이에 해당될 것이다.

1.2. 세방화

세계화의 진행과 함께, 세계화 현상의 상품 혹은 관습이 지역차원에서 토착화되어 혹은 변형되어 확산되는 세방화(Glocalization)가

---

16) Sander, H., "Multilateralism, Regionalism and Globalization : The challenges to the World Trading System", In H. Sander and A. Inotai (Eds.), World Trade after the Uruguay Round : Prospects and Policy Options for the Twenty first Century, London : Routledge, 1996, pp.17-36.

17) Reiser, O.L. and Davies, B. *Planetary Democracy: an Introduction to Scientific Humanism and Applied Semantics.* New York: Creative Age Press, 1994.

진행되고 있다.

세방화(Glocalization)는 세계화(Globalization)와 지역화(Localization)의 합성어이다. 이는 전 세계 차원에서 개발되고, 유통되는 재화나 서비스가 지역차원에서 사용자나 소비자에 맞게 변형된 것을 의미한다. 이는 다시 말해, 재화나 서비스가 지역차원의 법률, 관세조항, 소비자 기호에 맞추어 변형된 것을 의미한다. 세방화가 된 재화와 서비스는 최종소비자의 이해에 더 부합하게 된다.[18]

세방화라는 단언의 기원은 일본어 "토착화(土着化: Dochakuka)"라는 표현에서 나왔다. 이 표현은 원래 농업기술을 토양에 맞게 적용하는 것을 의미했는데, 1980년대부터 일본기업이 이 표현을 영업 전략에 사용하기 시작했다. 이 표현은 영어 표현으로 Global localization으로 옮겨졌다.[19] 1990년 "Glocal"이라는 단어는 독일 총리실 산하 박람회 발전국장이었던 Manfred Lange에 의해 "세계변화 박람회 (Global Change Exhibition)"에서 사용되었다. 그는 현장-지역-세계 (local-regional-global) 차원의 교섭을 설명하면서 이 단어를 사용하였다. 영어권에서는 영국 사회학자 로날드 로버트슨(Ronald Robertson)에 의해 1990년대, 그리고 캐나다 사회학자인 케이스 햄프턴 (Keith Hampton)과 베리 웰만 (Barry Wellman)에 의해 사용되면서 "Glocal"이라는 단어는 대중화되었다.[20]

NGO들에 의한 "Glocal"의 용어 사용이 급증하고 있다. 대표적인

---

18) Shamsuddoha, Mohammad, "Globalization to Glocalization: A Conceptual Analysis", December 29, 2008. http://ssrn.com/abstract=1321662

19) Khondker H.H. "Glocalization as Globalization: Evolution of a Sociological Concept", *Bangladesh e-Journal of Sociology*, 1-2, 2004, pp.12-20. http://www.bangladeshsociology.org/Habib%20-%20Glocalization.htm

20) Wellman, Barry and Hampton, Keith, "Living Networked On and Offline", *Contemporary Sociology* 28-6, Nov, 1999), pp.648-654.

예가 스위스 취리히에서 2001년 창립된 Glocal Forum이다.[21] Glocal Forum에 따르면, 세방화는 지역사회에 힘을 더 실어주어 세계적인 차원에서의 지식과 자원을 지역사회에 연결시켜, 세계적 차원에서 평화와 발전을 가져온다고 하고 있다. 또한 Glocal Forum에서 세방화는 지역사회가 더욱 혁신적이고 더 공정한 국제 시스템을 만드는 데 기회를 제공할 것이라고 하고 있다. 특히, Glocal Forum은 지역사회간의 교류를 위해 도시 간 네트워크가 갖는 중요성을 크게 인식하였다.

그러나 Glocal에 대한 명확한 정의는 확립되지 않아서 현재 아주 다양한 분야에서 사용되고 있다. 그 예로, "김신동 편, 『세방화, 정보화, 그리고 문화충돌』, 서울: 정보통신정책연구원, 2004.", "이원섭, 장철순, 박양호 공저, 『세방화시대의 신 개방국토거점 육성방안: 통합 국토축 형성을 위한 자유무역지구를 중심으로』, 안양: 국토연구원, 2001.", "공명수, 「한류와 세방화 된 문화산업 전략」, 『제 3의 문학』 3-1 통권9호, 2002년 5월 pp.39-45.", "이은주, 「한국음악의 세방화 방안 연구」, 『음악과 민족』 34, 2007년 10월, pp.187-215."에서 볼 수 있듯이 전혀 연관되어 있지 않은 분야에서 세방화 (Glocalization)라는 말이 쓰이고 있다.

일부 연구[22]에서는 세계화 (Globalization)가 보편적인 것이 전 세계 차원에서 하향식으로 이루어지며, 세방화 (Glocalization)는 마케팅, 언어, 문화, 인종, 정치가 고려되어 상향식으로 적용되는 것이라 구분하였다. 또 다른 연구[23]에서는 세계화(Globalization)의 개념이

---

21) "Global Forum 홈페이지" http://www.glocalforum.org/?id=197&id_p=193&lng=en

22) "세계화와 세방화의 차이" http://www.translationdirectory.com/article979.htm

23) Shamsuddoha, op.cit. http://ssrn.com/abstract=1321662

세방화 (Glocalization)으로 변모한다고 보았다.

이러한 예로 들 수 있는 것은 컴퓨터 문화가 확산되지만, 각 국별로 컴퓨터를 사용하는 문화가 다르다는 점이다. 예를 들어, 한국에서 컴퓨터로 게임을 하는 빈도수가 유럽에서 컴퓨터로 게임을 하는 빈도수보다 높다. 이는 컴퓨터 문화가 전 세계로 확산되면서 다른 형태로 각 국의 환경에 적응된 것이다.

그렇다면 세계화로 확산된 물품과 운영방식은 어떤 방식으로 지역차원에서 세방화(Glocalization)로 발전하였는가?

세방화의 상품에 관련된 사례는 세계적인 기업인 맥도널드에서 찾을 수 있다.

맥도날드는 전 세계 118개국에 진출해서 사업을 운영하고 있고, 표준화된 매뉴얼을 시스템화하여 누가 만들어도 똑 같은 햄버거를 전 세계에서 맛볼 수 있도록 하였다.[24] 맥도날드는 음식 만드는 과정을 마치 자동차 만드는 과정처럼 공정화하여 전 세계에 보급하였다.

---

24) 맥도날드의 메뉴얼화에 대해서는 '박태복, 「햄버거로 세계 정복한 맥도날드 성공신화」, 『신동아』, 497, 2001년 2월 1일, pp.494-505. http://shindonga.donga.com/docs/magazine/shin/2005/05/06/ 200505060500041/200505060500041_1.html'를 참고하면, 맥도날드가 어떻게 전 세계적으로 동일한 맛을 낼 수 있었는지 알 수 있다.
"크로크(맥도날드 창업자)는 각종 실험을 거쳐 체크할 수 있는 모든 것을 꼼꼼히 기록한 매뉴얼을 만들었는데, 완성된 최종 매뉴얼 항목은 자그만치 5만 가지나 됐다. 크로크는 우선 햄버거 재료로 사용되는 쇠고기의 크기와 무게, 모양을 정확하게 통일했다. 예컨대 지방의 양은 19% 이하, 무게는 1.6온스, 지름은 3.875인치, 양파는 0.25온스 등으로 정했다. 또한 이 매뉴얼에는 햄버거의 고기를 어느 정도 두께로 자를 것인지에서 부터 몇 도에서 몇 분 동안 익힐 것이며, 감자를 씨는 요령과 두께까지 꼼꼼하게 기록했다. 밀크셰이크와 아이스크림 제조법도 통일했다. 체인점마다 같은 양의 피클과 겨자와 케첩이 들어간 똑같은 형태의 햄버거를 똑같은 시간에 똑같은 접시에 담아 서비스하도록 했다. 햄버거에 사용되는 고기는 매장에 배달되기 전까지 40가지 이상의 엄격한 품질 검사를 거치게 했다. 또한 신선한 맛을 유지하기 위해 햄버거는 만든 지 10분, 프렌치 프라이드는 튀긴 후 7분이 지나면 모두 폐기하게 했으며, 가능한 한 고객이 주문한 지 30초 이내에 제품을 서비스하도록 했다."

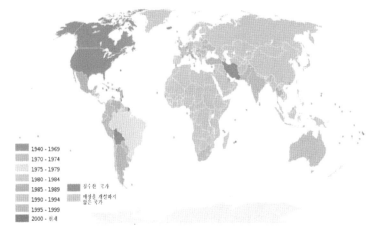

1940 - 1969
1970 - 1974
1975 - 1979
1980 - 1984
1985 - 1989
1990 - 1994
1995 - 1999
2000 - 현세

입수한 국가
매장을 개설하지
않은 국가

<그림 1.2.-1> 맥도날드의 세계시장 분포

맥도날드의 동일한 품질과 전 세계적 확산 때문에 맥도날드의 빅
맥은 각 국의 물가수준을 비교하기 위한 물가지수로 쓰이고 있다.
이를 '빅맥 지수'라고 부른다.

이 같은 특성 때문에 맥도날드는 대표적인 세계화의 상징이 되어
반-세계화 시위가 있을 때 공격목표가 되기도 하였다.

맥도날드는 세계화라는 가치의 상징이지만, 1996년 맥도날드의
부회장이었던 Jack Greenberg는 "Think globally, act locally"라는 세
방화 전략을 함께 구사하였다.

예를 들어, 맥도날드의 빅맥은 쇠고기를 쓰고 있기 때문에, 소를
신성시하는 인도에서 팔 수 없었다. 이러한 상황에서 맥도날드는 인
도에서 쇠고기가 아닌 양고기를 쓰는 마하라자 맥(Maharaja Mac)과
채식주의자가 많은 시장의 현실을 감안하여 채소 버거를 출시하였
다. 저칼로리 식품에 신경을 쓰는 유럽에서는 맥도날드는 샐러드를
출시하였고, 이슬람 국가인 말레이시아에서는 이슬람 도살방식인 할

랄 방식으로 도축이 된 고기를 사용하였고, 필리핀에서는 맥스파게
티 메뉴를 출시하였고, 한국에서는 한국 소비자의 기호에 맞추어 불
고기 버거를 출시하였다. 불고기 버거는 당시 매출액의 35%를 거둘
정도로 큰 성공을 거두었다.[25]

모든 기업들이 세방화에 성공하는 것은 아니다. 세방화에 실패한
대표적인 사례로 까르푸를 들 수 있다. 까르푸는 세계화된 생활양식
인 '할인점에서의 물품구입'이라는 가치를 선도하는 유통기업이다.
한국도 2006년 유통시장이 차지하는 전체 규모인 70조 원 중에서
할인점이 차지하는 비율이 39.2%(27조원)로 1위였다. 전 세계 2위
의 유통업체인 까르푸의 경우 1996년 한국시장에 진출했다가 한국
업체들과의 경쟁에서 뒤져서 2006년 철수를 단행하였다.

까르푸는 철저하게 전 세계 차원에서 실행되고 있는 까르푸의 세
계화 전략을 한국에 그대로 적용하였다. 이는 낮은 가격을 실현하기
위해, 부동산 비용을 감소시킬 수 있는 교외간선 도로변에 입지하는
것 그리고 인테리어 비용을 줄이기 위해 창고형 매장을 운영하는 것
이다.

그러나 한국시장의 현실에 적응하지 못한 까르푸의 세계화전략은
결국 실패로 끝났다.

까르푸는 교통이 편리한 곳에서 할인점 쇼핑을 선호하는 한국 소
비자의 성향 무시, 신선식품에 대한 한국 소비자들의 민감성에 대한
이해 부족, 한국인 정서와 체형에 맞는 매장 디자인과 제품 배치에
대한 고려 미비, 백화점 수준의 친절한 서비스와 엔터테인먼트적 요

---

25) 박태복, 「햄버거로 세계 정복한 맥도날드 성공신화」, 『신동아』, 497, 2001년 2월 1일, pp.494-505.
http://shindonga.donga.com/docs/magazine/shin/2005/05/06/200505060500041/20050506050004
1_1.html

소가 가미된 복합쇼핑공간에서의 가족단위 생활 공간화를 원하는 소비자 취향에 대한 이해 실패, 이마트의 1/5수준의 마케팅 지출을 통한 브랜드 이미지 홍보 소홀 등으로 결국 2006년에 한국 까르푸 는 이랜드에 인수되는 결과로 나타났다.[26]

1.3. 세계화에서 세방화로의 경향 존재 여부

최근에 이루어지고 있는 저술을 보면 마치 세방화가 새로운 개념 이며, 세계화와 지역화와 더불어 발전하고 있는 진화된 형태의 전략 인 듯이 보인다. 그러나 세계화에서 세방화로의 경향이 존재한다면, 기업은 더 이상 세계화 전략을 써서는 안된다. 그러나 경제활동에서 기업은 세계화와 세방화 가치를 함께 쓰고 있다.

세방화의 사례로 언급한 맥도날드는 2003년부터 최초의 전 세계 차원의 동일광고로 "I'm lovin' it"을 독일에서 선보였다. 이 슬로건 의 독일에 있는 맥도날드의 광고 기획사 "Heye & Partner"로 부터 만들어졌다.

<표 1.3.-1> 2000년대 맥도날드의 글로벌 슬로건

각국 언어 표현	언어	영어 번역
i'm lovin' it	영어	I am loving it.
我就喜欢 (간체) 我就喜歡 (번체)	중국어	I just like (it).
ich liebe es	독일어	I love it.

26) 홍석빈, 「변화를 선도하는 기업, 따라가는 기업」, 『경영전략, LG경제연구소』, 2007년 5월 30일. http://www.lgeri.com/management/strategy/article.asp?grouping=01020100&seq=162 (2009년 10월 29일 검색)

انا أحبه (ana uhibbuhu) 또는 اكيد بحبه (akid behibuhu)	아랍어	I love it. / Of course I love it.
c'est tout ce que j'aime	프랑스어	It's everything that I love.
me encanta	스페인어	I love it. (직역 It enchants me.)
amo muito tudo isso	포르투갈어	I really love all this.
işte bunu seviyorum	터키어	This is what I love.
вот что я люблю	러시아어	That is what I love.
man tas patīk	라트비아어	I like it.

이 슬로건은 2003년 9월 2일 독일어 "Ich liebe es (I love it)"로 처음 사용되었다. 이후 각 언어로 비슷한 표현으로 이 슬로건은 전 세계적으로 사용되었다.[27] 또한 이 캠페인을 위해 전 세계에서 15000명의 후보 들 중에서 24명을 선정하여 그들의 사진과 그들에 관련된 이야기를 포장지에 인쇄하여 전 세계로 배포하였다. 이는 다국적 기업이 전 세계에서 같은 양식의 광고를 하는 세계화 전략이다.

다시 말해, 맥도날드는 세계화와 세방화 전략을 병행하여 사용하고 있다. 이러한 사례는 다른 기업에서 쉽게 찾을 수 있다.

예를 들어, 다국적 기업들이 지역 간 차별을 고려하지 않는 '보편성'을 확산시키는 세계화 전략차원에서, 같은 콘셉트의 광고를 통해 전 세계에 표준화된 메시지를 전달하는 것이 증가하고 있다.

아래의 <표 1.3.-2>는 Shintaro Okazaki, Charles Taylor, Jonathan P, Doh이 다국적 기업 광고의 전 세계적 표준화 경향을 조사한 것이다. 아래의 표에 따르면, 각 기업의 출신 국가에 관계없이 전 세계 차원에서 표준화된 광고가 증가하였다는 것을 알 수 있다. 그리고 통일된 콘셉트를 광고에 사용하는 측면에서 표준화가, 전 세계적으

---

27) 2000년대 "맥도널드의 글로벌 슬로건" http://www.forbes.com/2003/06/12/cx_da_0612topnews.html

로 완전히 동일한 광고를 송출하는 방식의 표준화 보다 더 많이 진
전되었음을 알 수 있다.

<표 1.3.-2> 다국적 기업 광고의 표준화 경향 조사[28]

저자 (연도)	대상 지역	조사 방식	표본 크기	결론
Harris (1994)	유럽	전화 인터뷰	38 다국적 기업 임원	광고를 표준화하려는 압력이 증대하고 있으나 총체적으로 표준화를 실행하는 기업 수는 상대적으로 적음. 경험이 많고 자신감 넘치는 기업이 표준화에서 높은 수준을 보임. 표준화된 광고에 대한 변경은 주로 현지 시장이 갖는 차별성에 적용하기 위한 것임
Duncan과 Ramaprasad (1995)	35개국	우편 조사와 개별 인터뷰	100개 광고 기업의 최고 위급 임원	하나의 상표 이미지를 염두에 둔 가장 큰 이유는 표준화 때문이지 가격을 절감하려는 것이 아님. 표준화 방식을 잘 실행하지 않는 것은 문화적인 선호와 금기 때문임. 비-서구 광고 기업이 표준화 방식을 사용하지 않는 것은 표준화가 주로 서구식 개념이기 때문임
Sirisagul (2000)	미국, 일본, 유럽	우편 조사	97개 다국적 기업 본사	미국, 일본, 유럽의 다국적 기업 사이에 표준화 방식의 사용과 그 정도에서 큰 차이가 없음. 다국적 기업의 세계차원의 광고방식은 약간의 차이만 있어 그 결과에는 큰 차이가 없음.
Laroche외 (2001)	미국, 독일, 영국, 프랑스, 일본 등.	우편 조사	119개 다국적 기업	기업에 의해 통일된 콘셉트를 광고에 사용한다는 측면에서 표준화가, 전 세계적으로 완전히 동일한 광고를 제작하는 실행의 차원에서의 표준화보다 더 많이 진행됨. 광고 전략은 프랑스의 경우 본사에서, 독일의 경우 본사와 지사가 함께, 영국의 경우 지사 차원에서 만들어짐.
Kanso와 Nelson (2002)	핀란드, 스웨덴	우편 조사	95개 다국적 기업 지사 임원	정부규제는 광고표준화를 위해 방송매체를 선택하는 데 어려움을 만듦. 전 세계적인 위성 TV 시청의 확대는 표준화된 광고 방식에 더 큰 수요를 창출함.

---

28) Okazaki, Shintaro and Taylor, Charles and Doh, Jonathan P, "Market convergence and advertising standardization in the European Union", *Journal of World Business* 42, 2007, pp.384-400.

만일 세방화가 세계화에 대한 대안이라면, 전 세계적으로 동일한 콘셉트를 사용한 세계화적인 가치의 광고가 증가할 이유가 존재하지 않는다. 그러나 전 세계적으로 동일한 콘셉트를 사용한 광고는 증가 추세에 있고, 이는 각 국의 규제에 의해 제약될 뿐이다.

그렇다면 세계화에서 세방화로의 경향성은 존재하지 않으며, 이는 필요에 따라, 혹은 법률적 여건 등의 제약에 따라, 기업 및 수용자가 선택적으로 세계화 또는 세방화 전략을 사용하는 것으로 판단하는 것이 설득력이 있다.

이는 세방화가 세계화에 대한 일종의 대안이 아니라는 의미이다.

앞에서 세방화의 사례로 든 노키아의 경우도 맥도날드의 "I'm lovin' it"이라는 글로벌 콘셉트와 마찬가지로 "Connecting People"이라는 글로벌 콘셉트를 사용하여 세계사장을 향한 광고에 활용하고 있다. 이는 노키아가 앞서 설명하였듯이, 지역적 차이를 고려한 세방화와 함께 세계화 전략을 사용하고 있음을 의미한다.

한편, 기업이 세방화와 세계화를 함께 사용하고 있는 현실이외에도, 세방화에 의해 일어나고 있는 일의 결과가 기존의 "현지화"라는 개념에서 일어난 결과와 전혀 차이가 나지 않는다는 것에 주목하게 된다.

실제로 현실 세계의 모든 가치는 각 국에서 일정기간이 지나 현지화 과정을 모두 거쳤다. 예를 들어 전 세계적으로 보급된 피자라는 세계화된 음식은 각 국에서 각기 다른 형태로 오래 전 부터 실현되었다. 미국 시카고에서 볼 수 있는 파이 형태의 두꺼운 피자는 이탈리아나 유럽에서, 혹은 심지어 같은 미국인 뉴욕에서 소비되는 피자와도 다른 형태이다.

아라비아 반도에서 유럽으로 유입된 커피문화도 마찬가지이다.

커피라는 음료의 원료가 되는 열매만 같을 뿐, 이탈리아에서 소비되는 진한 에스프레소와 미국에서 소비되는 엷은 커피는 아주 다른 종류의 음료이다. 이처럼 상품의 유입과 이에 따른 지역적 상황에 대한 적응으로 나타난 결과인 현지화는 세계화가 지역화와 결합된 세방화와 큰 차이가 나지 않는다.

세계화와 세방화의 양립현상은 상품뿐만 아니라 시스템에서도 마찬가지이다. 예를 들어, 오늘날 전 세계적인 '보편적인' 생산양식인 자본주의도 각 국에서 각기 다른 형태로 발전되었다. 프랑스 고위 경제관료였던 Michel Albert[29]는 그의 책 "Capitalisme contre capitalisme (자본주의 대 자본주의)"에서 은행 지배형태의 자본주의 모델인 독일식 모델과 주주 지배형태의 자본주의 모델인 앵글로-색슨 모델로 나누어 자본주의를 분석하였다. 다시 말해, 전 세계적 생산양식인 자본주의조차도 각 국별로 전혀 다른 양상으로 나타나고 있다.

<표 1.3.-3> 다양한 형태의 자본주의 구현[30]

	대상국가	특징
은행지배 자본주의 (독일형)	독일	- 정부에 의한 시장규제 - 사회보장제도 확충 - 사용자 단체와 노동자 단체 간의 합의 - 상호이익을 조화 - 자본주의의 목표는 단기 이익을 극대화하는 것이 아니라, 지속가능하고 안정적인 경제성장과 높은 고용수준을 달성하는 것
주주지배 자본주의 (앵글로-색슨형)	미국, 영국	- 단기 이익의 극대화 - 탈 규제화 - 독일형 모델에 비해 단기 이익 극대화 위한 위험 감수 - 사회적 책임보다는 개인의 책임을 더욱 강조

---

29) Albert, Michel, *Capitalisme contre capitalisme*, Paris: Le Seuil, 1991.

이렇듯 세계화와 관련된 상품뿐만 아니라 세계화 측면을 보여주는 시스템조차도, 현실 경제활동에 적용되면서, 각 지역이 갖는 경제적, 정치적, 역사적, 문화적 특수성과 결합하여 다른 지역과 차별성을 갖는 형태로 발전되었다.

이 같은 측면에서 볼 때, 세방화와 현지화는 큰 차이를 보이지 않으며, 새로운 개념이 아닐 수 있다고 조심스럽게 언급할 수 있다.

1.4. 다국적기업[31]

세계 산업이 초국적기업 위주로 재편이 된 것은 세계화의 특성인 국제화 (Internationalization)와 탈규제화 (Liberalization)에 힘입은 바 크다. 세계화의 개념에 대한 이론화를 시도한 얀 아트 숄트(Jan Aart Scholte)[32]에 따르면, 탈규제화는 국가 간의 상품, 노동, 자본 등의 교류를 제한하던 장벽이 제거되는 것을 의미한다. 상품 교류의 측면에서 그 사례로 해외상품의 진입장벽으로 작용했던, 관세 및 비관세 장벽을 완화해나가는 것을 들 수 있다. 이는 제 2차 세계대전 이후 GATT와 그 후신인 WTO차원의 무역협상을 통해 회원국들이 꾸준히 관세와 비관세 장벽을 철폐해나갔기에 가능했다. 또한 자본 교류의 측면에서 외국기업의 현지기업에 대한 자본투자의 진입장벽도 꾸준히 낮아지고 있다.

---

30) Ibid. pp.1-318.

31) [1.4 다국적기업]은 안상욱, 「초국적 기업과 EU 소규모 국가 산업기반의 안정성: 르노와 벨기에 사례를 중심으로」, 『유럽연구』29권 1호 (2011), pp.221-252.를 인용함

32) Jan Aart Scholte, *Globalization: a critical introduction* (New York: ST. Martin's Press, INC., 2000), pp.41-61.

얀 아트 숄트(Jan Aart Scholte)에 따르면, 국제화는 세계 국가 간의 소통 및 상호의존성의 증가를 의미한다. 그는 세계화의 국제화 측면의 사례로 국가 간의 무역과 직접투자, 이민의 증가를 들었다. 실제로 제 2차 세계대전 이후 세계 무역 증가율은 <표 1.4.-1>, <표 1.4.-2>에서 볼 수 있듯이 세계생산 증가율 보다 가파르게 상승하였다. 1980년부터 2007년까지 세계 GDP는 4.6배 상승한 반면, 세계 상품수출은 7.6배 증가하였다.

<표 1.4.-1> 세계 GDP 성장률과 세계 실질 GDP

연도	세계 GDP 성장률	세계 실질 GDP (단위: 10억 US$)
1980	1.992%	11,797.22
1985	3.643%	12,913.99
1990	2.944%	22,883.63
1995	3.294%	29,547.86
2000	4.671%	31,823.19
2007	4.94 %	54,311.61

출처: IMF Database

<표 1.4.-2> 세계 상품 수출입 현황

(단위: 실질 가격, 백만 US$)

연도	수출	수입
1980	365000	402400
1990	780500	821300
2000	1483300	1463300
2007	3257300	3059100

출처: WTO Database

국경을 초월한 전 세계 직접투자도 세계총생산보다 빠른 속도로 증가하였다. <표 1.4.-3>은 전 세계 FDI 유입을 나타낸다. <표

1.4.-3>에 따르면 2007년 전 세계 FDI유입은 1980년 대비 39배 증가한 반면에, <표 1.4.-1>에서 볼 수 있듯이 전 세계 GDP 상승률은 1980년에서 2007년 사이에 5배에 그쳤다. 이는 전 세계 경제에서 해외직접투자가 차지하는 비중이 증가하였음을 의미한다. <그림 1.4.-1>은 뉴질랜드 재무부의 전 세계 GDP, FDI, 수출 증가율에 대한 비교자료이다. <그림 1.4.-1>에 따르면, 전 세계 GDP 생산의 증가율보다 전 세계 상품수출액이 큰 폭으로 증가하였고, 전 세계 해외투자액은 이 보다 더 큰 폭으로 증가하였다.

<표 1.4.-3> 전 세계 FDI 유입

(단위: Flow, 백만 US$, 2009년 실질 가격)

년도	World	선진국	체제이행기 국가	개발도상국
1971	14282.05	10650.60	..	3631.448
1975	26567.00	16857.55	..	9709.454
1980	54076.42	46575.81	23.600	7477.013
1986	86316.40	70628.04	-28.000	15716.370
1990	207697.20	172526.30	75.200	35095.650
1995	342544.20	222488.50	4112.567	115943.200
2001	825280.30	601069.80	9514.027	214696.500
2005	985795.60	624565.10	31100.640	330129.900
2006	1459133.00	970098.10	54669.270	434365.900
2007	2099973.00	1444075.00	90968.230	564929.900

출처: UNCTAD Database

세계 무역의 증가와 직접투자의 증가를 통해, 다국적기업의 해외지사 생산활동이 증가하였다. WTO에 따르면 세계 500대 다국적기업의 무역이 전세계 무역의 70%를 차지하고 있으며, 이 비율은 계속 증가추세에 있다.[33]

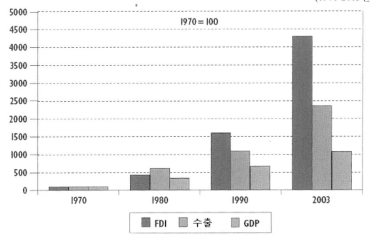

출처: 뉴질랜드 재무부[34]

<그림 1.4.-1> 전 세계 GDP, FDI, 상품수출액 규모

유엔무역개발회의(UNCTAD: United Nations Conference on Trade and Development)의 자료[35]에 따르면, 2007년 기준으로 79000여개의 다국적기업이 790000개의 해외지사를 운영하고 있다.

다국적기업에 의한 직접투자는 Stock 기준으로 2007년 15조 US $로 증가하였다. 2007년 한국의 GDP가 1조 493억 US$였던 것을 감안하면 다국적기업의 해외직접투자의 규모가 어느 정도인지 가늠할 수 있다. 다국적기업에 의한 판매액은 31조 2000억 달러에 달했

33) "다국적기업의 무역비중 증가," http://www.gatt.org/trastat_e.html
34) "뉴질랜드 재무부의 전 세계 GDP, FDI, 상품수출액 규모 비교,"
   http://www.treasury.govt.nz/publications/research-policy/wp/2007/07-05/03.htm
35) UNCTAD, *UNCTAD training manual on statistics for FDI and the operations of TNCs. Vol. 2, Statistics on the Operations of Transnational Corporations* (New York: United Nations Conference on Trade and Development, 2009), p.2.

다. 이는 전 세계 상품수출액이 17조원인 것을 감안하면 그 두배에 가까운 수준이다.

<표 1.4.-4> 세계경제에서 다국적기업 해외지사가 차지하는 비중

항목	1982	2007
다국적기업 해외지사 고용인수	2150만명	8160만명
다국적기업 해외지사 총생산액	6000억 US$	6조 1000억 US$
다국적기업 해외지사 수출액	7000억 US$	5조 7000억 US$
다국적기업 해외지사 자산	2조 2000억 US$	68조 7000억 US$

출처: UNCTAD 자료36)

다른 지표를 통해보아도 세계경제에서 다국적기업이 차지하는 비중이 증가한 것을 알 수 있다. UNCTAD자료에 기초한 <표 1.4.-4>에서 볼 수 있듯이, 다국적기업의 해외지사 고용인수는 1982년 2150만명에서 2007년 8160만명으로 증가하였고, 다국적기업 해외지사의 총생산액도 6000억 US$에서 6조 1000억 US$로 10배가 증가하였다. 다국적기업 해외지사의 수출액도 7000억 US$에서 5조 7000억 US$로 8배 증가하였다. 다국적기업의 해외자산은 2조 2000억 US$에서 68조 7000억 US$로 무려 34배가 증가하였다.

---

36) 바로 앞 문헌 재인용, p.2.

1.5. 다국적기업에서 국가의 의미[37]

세계화를 통해 다국적기업의 활동이 증가하고 전 세계 국가들의 다국적기업에 대한 경제 의존도가 높아가고 있지만, 전 세계 모든 지역과 국가에 다국적기업의 중심이 될 수 있는 기회가 주어진 것은 아니다.

<표 1.5.-1> 2010년 전 세계 다국적기업 매출액 순위

순위	기업	본사	매출액 (백만 US$)
1	Wal-Mart Stores	미국	408,214
2	Royal Dutch Shell	네덜란드	285,129
3	Exxon Mobil	미국	284,650
4	BP	영국	246,138
5	Toyota Motor	일본	204,106
6	Japan Post Holdings	일본	202,196
7	Sinopec	중국	187,518
8	State Grid	미국	184,496
9	AXA	프랑스	175,257
10	China National Petroleum	중국	165,496
11	Chevron	미국	163,527
12	ING Group	네덜란드	163,204
13	General Electric	미국	156,779
14	Total	프랑스	155,887
15	Bank of America Corp.	미국	150,450
16	Volkswagen	독일	146,205

출처: Fortune Global 500, 2010[38]

---

37) [1.5. 다국적기업에서 국가의 의미]는 아래의 논문이 활용되어 재구성되었다.
「초국적 기업과 EU 소규모 국가 산업기반의 안정성: 르노와 벨기에 사례를 중심으로」, 『유럽연구』 29권 1호 (2011), pp. 221-252.
38) "2010년 Fortune지 선정 세계 500대 기업,"http://money.cnn.com/magazines/fortune/global500/ 2010/full_list/

<표 1.5.-1>에서 볼 수 있듯이 전 세계 대부분의 다국적기업은 최근 경제규모가 급부상하고 있는 중국을 제외하고는 일부 선진국에 국한되어있다. 매출액규모 1위부터 16위의 기업은 미국기업이 6개, 네덜란드기업이 2개, 일본기업이 2개, 프랑스기업이 2개, 영국기업이 1개, 독일기업이 1개, 중국기업이 2개였다. 이는 일부국가에 거대 다국적기업의 본사가 편중되어 있음을 의미한다.

다국적기업 본사의 편중은 단지 장소의 문제에 그치지 않는다. 이는 다국적기업의 의사결정에서 일부 국가의 인사들이 좌지우지 할 수 있다는 것을 의미한다. 예를 들어, 다국적기업인 소니사가 2005년 일본인이 아닌 하워드 스트링거(Howard Stringer)를 회장으로 영입하였지만, 대부분의 소니이사진은 일본인이고[39] 소니의 의사결정은 일본정부의 정책에서 결코 독립적일 수 없다는 점이다. 이는 한국의 삼성전자가 최근에 외국인 임원을 영입했지만, 대부분의 임원이 한국인인 상황에서 외국인 임원의 역할은 삼성전체의 의사결정에 제한적일 수밖에 없다.

프랑스 경제학자 로베르 봐이예(Robert Boyer)[40]는 "세계화 그 신화를 넘어서(La mondialisation au-delà des mythes)"라는 책에 게재된 그의 논문인 "말들과 현실("Les mot et les réalités)"에서 다국적기업이 과연 다국적일 수 있는가에서 의문을 제기하였다. 그의 논문에서 다국적기업이 국경을 초월한 이해를 추구하는 듯이 말이 오가고 있지만 실제로는 그렇지 않다고 지적하였다. 그가 예로 든 사례가 전 세계적인 다국적기업의 이사회가 대부분 같은 국적의 사람들로

---

39) "소니 이사회 구성," http://www.theofficialboard.com/org-chart/sony (2011년 2월 10일) 소니는 12명의 이사회 구성에서 단지 1명만이 일본인이 아니다.

40) Robert Boyer, "Les mot et les réalités," Serge Cordellier (ed.), *La mondialisation au-delà des mythes* (Paris : La Découverte, 2000), pp. 14-56.

구성되어 있다는 점이었다. 그리고 이사회의 다수 국적을 점하는 이사들은 모두 다국적기업의 본사가 위치한 국가 출신이라는 점을 지적하면서 다국적기업의 의사결정이 다국적기업의 본사를 둔 나라의 정치, 경제, 사회적 현실에 영향을 받는다고 주장하였다.

문제는 대부분의 다국적기업이 일부 선진국에 한정이 되면서 그렇지 못한 국가의 경우 다국적기업의 의사결정에 미칠 수 있는 영향력이 크게 제한 받을 수밖에 없다는 점이다. 다시 말해, 다국적기업의 본사가 위치한 국가의 인사들이 다국적기업의 의사결정을 독점할 수 있고, 또한 다국적기업의 의사결정이, 다국적기업의 본사가 위치한 국가의 정치적, 경제적, 사회적, 문화적 여건 결코 독립적일 수 없다는 것이다.

의사결정의 불평등성을 가늠할 수 있는 다른 이론은 바라바시의 네트워크 이론이다. 바라바시는 그의 책 링크[41]에서 허브와 노드가 불평등한 관계에 있다고 다음과 같이 언급하였다.

> 허브의 존재는 평등주의적 사이버스페이스에 대한 유토피아적 비전에 대해 가장 강력한 반론을 제기한다. 우리들 모두는 우리가 원하는 것은 웹에 올릴 권리를 갖고 있다. 하지만 그것을 누가 알아차릴까? 웹이 무작위 네트워크라면 남들이 우리를 보고 들을 가능성이 모두 같은 것이다. 어떤 면에서 보면 우리는 허브사이트를 집단적으로 만들고 있는 것이다. 그것들은 당신이 웹상의 어디에 있든 간에 찾기가 매우 쉽다. 이러한 허브에 비하면 웹의 나머지 문서들은 가시성이 거의 없다. 실용적인 측면에서 보자면 두세 개 정도의 다른 문서들만이 링크하고 있는 페이지들은 사실상 존재하지 않는 것과 마찬가지이다. 그것들을 찾기는 거의 불가능한데 심지어는 검색엔진들조차 웹을 돌아다

---

41) Albert-Laszlo Barabasi (강병남, 김기훈 역), 『링크 (Linked: The New Science of Networks』(서울: 동아시아, 2002).

니며 새로운 사이트들을 찾아다닐 때 이런 페이지들은 무시하
게끔 프로그램 되어 있다.[42)

바라바시는 네트워크가 갖는 구조적인 불평등성에 근거하여 작은
노드들에서 발생하는 일이 전체 네트워크에 큰 영향을 미치지 못한
다고 지적하였다.

> 작은 노드들은 네트워크의 통합성에 그다지 영향을 미치지 못
> 한다. 앞서 언급한 확률대로라면, 무작위로 공항을 선택하여 폐
> 쇄하는 경우 그 대상은 예컨대 인디애나 주 사우스 벤드 공항
> 같은 수많은 작은 공항 중의 하나가 될 가능성이 크다. 그런데
> 만약에 이 공항이 없어졌다고 하더라도 미국의 다른 지역에서
> 는 그 사실 자체를 거의 알아차리지 못할 것이다. 그 공항이 없
> 더라도 뉴욕에서 로스앤젤레스 그리고 산타페에서 디트로이트
> 로 여행하는 데 아무런 지장이 없다. 다만 그곳을 발착지로 하
> 는 일부 승객만이 불편을 겪게 될 따름이다. 아마도 더 작은 규
> 모의 공항이 10개에서 20개 정도 동시에 문을 닫는다고 할지라
> 도 항공교통이 그다지 큰 영향을 받지는 않을 것이다.[43)

바라바시가 언급한 네트워크적인 불평등성은 다국적기업에도 그
대로 적용된다. 허브와 노드의 불평등성은 다국적 기업의 허브인 본
사와 작은 노드에 해당하는 지사의 관계에 적용이 된다. 이는 다국
적기업의 본사와 지사의 영향력 및 의사결정 수준이 다르다는 것이
다. 지사에서 일어나는 변화는 다국적기업의 전체 네트워크에 큰 영
향을 끼치지 않을 수 있다. 그러나 바라바시가 제시하고 있는 전체
네트워크의 체제의 안정성은 문제가 발생하지만 전체 시스템 운영

---

42) Albert-Laszlo Barabasi. 2002, p. 100.
43) Albert-Laszlo Barabasi. 2002, p. 186.

에 문제가 없어 무시되는 노드의 희생을 담보로 한다. 다국적 기업
의 경우, 이는 다국적 기업의 본사가 지사의 희생을 강요할 수 있다
는 것이다. 그리고 허브인 다국적기업의 본사의 결정에 따라 노드에
불과한 다국적 기업의 지사 및 이에 경제적으로 의존하고 있는 투자
유치국의 경제가 크게 영향을 받을 수 있다는 것이다.

세계경제활동에서 다국적기업이 차지하는 비중은 전 세계 자동차
산업에서도 다른 산업과 마찬가지로 증가하였다.

<표 1.5.-2> 다국적기업의 자동차기업 인수합병

(1980년대-1990년대)

년도	인수기업	인수된 기업	인수방식
1986	Volkswagen	Seat	지분 매입 100%
1987	Fiat	AlfaRomeo	지분 매입 100%
1987	Chrysler	AMC	인수
1989	Ford	Jaguar	지분 매입 100%
1989	GM	Saab	지분 매입 50%
1990	Volkswagen	Skoda	지분 매입 70%
1994	BMW	Rover	지분 매입 100%
1996	Ford	Mazda	지분 매입 33.4%
1999	Daimler-Benz	Chrysler	합병
1999	Ford	Volvo(승용차 부문)	인수
1999	Renault	Nissan	지분 매입 36.8%

출처: http://iamstrategy.com/link/1_135_4.pdf

<표 1.5.-2>에서 볼 수 있듯이 1980년대 이후 각국의 자동차 산
업은 다국적기업에 의해 인수, 합병되거나 경영권이 넘어가게 되었
다. 스페인의 Seat 자동차는 독일의 Volkswagen이 인수하였고, 역사
와 전통을 자랑하던 영국의 Jaguar는 미국 Ford사가 인수하였다. 한
때 튼튼하고 안전한 차로 고급차 브랜드로 인식되던 Saab와 Volvo

는 미국의 GM과 Ford로 인수되었다. 이로서 스웨덴은 승용차 산업 전체가 외국의 다국적기업의 통제 아래 놓이게 되었다.

<표 1.5.-3> 다국적 자동차기업의 전 세계 자동차 생산 점유율

회사명	2006
General Motors	13.0%
Toyota	11.7%
Ford	9.0%
Volkswagen Group	8.4%
Honda	5.4%
PSA Group	5.0%
Nissan	4.7%
Chrysler	3.7%
Hyundai	3.7%
Renault	3.7%
Fiat	3.4%
Daimler Chrysler	2.95%
총계	74.7%

출처: http://www.econ.kuleuven.be/public/n07057/CV/smvg09ijtlid.pdf

다국적기업은 다른 산업에서와 마찬가지로 전 세계 자동차 산업 생산에서 점유율을 늘려갔다. <표 1.5.-3>은 다국적 자동차기업의 전 세계 자동차 생산 점유율이다. 2006년 전 세계 12대 다국적 자동차기업은 전 세계 자동차 생산의 74.7%를 차지하였다. 이는 전 세계에서 생산되는 대부분의 자동차가 다국적기업의 생산체제에 의해 관리된다는 것을 의미한다.

<표 1.5-4>는 전 세계 자동차 생산 및 판매에서 본사가 위치한 지역이 차지하는 비중을 보여준다. 자료에 제시된 모든 다국적 자동차기업은 세계시장에서 자동차 판매 중 본사지역의 판매비중이

1997년에서 2006년 사이에 감소하였다. 생산의 측면에서도 폭스바겐을 제외하고는 본사지역의 생산비중이 축소되었다. 이는 다국적 기업이 생산과 판매에서 자국의 비중이 점차 감소되고 있음을 의미한다.

<표 1.5.-4> 전 세계 생산과 판매에서 본사 지역이 차지하는 비중

회사명	지역	본사 지역 생산비중		본사 지역 판매비중	
		1997년	2006년	1997년	2006년
General Motors	미국	69%	50%	63	54
Ford	미국	67%	43%	64	55
Daimler Chrysler	미국		58%		58
Renault	유럽	97%	75%	93	62
PSA	유럽	85%	70%	84	62
Volkswagen Group	유럽	62%	66%	59	56
Fiat	유럽	60%	55%	66	53
Toyota	일본	73%	56%	43	26
Nissan	일본	62%	41%	42	22
Honda	일본	57%	37%	36	20

출처: http://www.econ.kuleuven.be/public/n07057/CV/smvg09ijtlid.pdf

프랑스의 르노자동차 역시 전체 자동차 판매량에서 프랑스의 비중이 지속적으로 줄어들었다. <표 1.5.-5>를 보면 2009년 30%에 차지하던 프랑스 시장의 비중은 2010년에는 28%로 감소하였다.

<표 1.5.-5> 르노자동차의 전 세계 판매 지역별 현황

	2009	2010
유럽 전체 판매대수	**1,530,114**	**1,642,065**
프랑스	702,060	744,735
유럽 (프랑스 제외)	828,054	897,330
유럽 이외 지역 전체 판매대수	**779,635**	**983,731**
지중해지역	240,484	272,748
유라시아	80,428	106,534
아시아-아프리카	230,760	287,421
미주	227,963	317,028
르노그룹 전체 판매대수	**2,309,749**	**2,625,796**

출처: Renault Atlas March 2011[44]

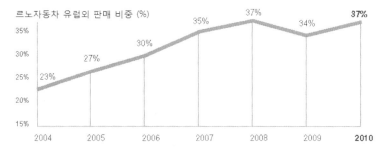

출처: Renault Atlas March 2011

<그림 1.5.-1> 르노자동차 판매의 다국적화

　반면에 유럽 이외의 시장이 르노자동차 판매량에서 차지하는 비중은, <그림 1.5.-1>에서 볼 수 있듯이, 꾸준히 증가하였다. 2004년 불과 24%에 불과하던 르노 판매량에서 유럽이외 시장의 비중은 2010년 37%로 확대되었다. 르노가 자사의 판매와 생산에서 세계화

---

44) "Renault Atlas March 2011", http://www.renault.com/en/Lists/ArchivesDocuments/Renault%20-%20Atlas%20-%20en%20-%20march11.pdf (2011년 3월 5일 검색)

를 향해 진전을 보이고 있는 것을 의미한다.

판매에서 프랑스 및 유럽의 비중이 르노의 전 세계 판매량에서 감소한 것과 마찬가지로, 르노 자동차의 유럽생산비중도 2009년 51%에서 2010년도 47%로 줄어들었다.

<표 1.5.-6> 르노자동차의 지역별 생산형황

	2009	2010
유럽	1,156,018	1,273,649
지중해지역	614,889	687,435
유라시아	51,188	87,218
아메리카	216,576	309,257
아시아-아프리카	227,829	332,833
총계	**2,266,500**	**2,690,392**

출처: Renault Atlas March 2011

그러나 르노의 생산과 판매가 세계화되고 있지만, 르노의 의사결정 구조는 프랑스라는 틀을 넘어서지 못하고 있다. 이는 르노자동차 경영진의 대부분이 프랑스인이라는 것에서 알 수 있다.

앞서 언급했듯이 로베르 봐이예(Robert Boyer)[45]는 "세계화 그 신화를 넘어서(La mondialisation au-delà des mythes)"에서 다국적기업이 얼마나 '다국적'기업일 수 있는가에 의문을 제기하였다.

이와 관련된 사례가 르노자동차의 1997년 벨기에 철수 사례이다.

1997년 르노 자동차의 루이 슈바이처 회장은 전격적으로 벨기에에서 르노자동차의 철수를 감행하였다. 당시 벨기에 정치권 및 노동계는 강력히 항의하였고, 프랑스 정부에 협조를 구했지만 프랑스 정

---

45) Robert Boyer, "Les mot et les réalités," Serge Cordellier (ed.), *La mondialisation au-delà des mythes* (Paris : La Découverte, 2000), pp. 14-56.

부는 협조하지 않았고 결국 르노 자동차의 벨기에 공장폐쇄로 3100
명이 해고되었다. 르노 자동차가 벨기에에서 르노자동차 공장을 철
수하기로 한 표면적인 이유는 비용절감이었다.

　루이 슈바이처 회장이 1992년 취임하기 이전에 르노의 생산모델
은 1955년에서 1975년까지 르노자동차 회장을 지냈던 이었던 피에
르 드레퓌스(Pierre Dreyfus)가 고안한 "한 제품 당 두 공장, 한 공장
당 두 제품 생산" 모델에 기초하고 있었다. 이는 공장 내에서 노사
분규가 발생하더라도 르노 그룹 전체의 생산에 차질이 초래되는 것
을 막기 위한 것이었다. 그러나 생산공정의 현대화를 통해 제품 생
산의 유연화가 가능해져서 생산활동을 배분할 필요성이 사라지게
되었고, 한 제품 당 복수의 생산공장을 유지하는 운영방식은 그룹
내에서 물류를 복잡하게 만들고, 중복투자, 생산비용 상승의 문제를
야기하였다.46) 1997년 당시 르노 자동차 회장이었던 슈바이처는
"르노 자동차는 유럽자동차 기업 중 생산조직에서 가장 복잡하고,
집중화가 이루어지지 못한 기업이다. 공장 당 평균 자동차 생산이
르노 자동차는 12만대인데 반해 경쟁업체는 20만대를 생산하고 있
다"고 비판하였다.47) 기존의 르노전략이었던 위험회피를 위한 공장
의 분산투자 전략대신에 경비 절감을 위해 슈바이처 회장은 프랑스
에 공장을 집중하는 전략을 취하였는데, 이는 유럽에서 프랑스가 경
쟁력 있는 산업기지로 남아야한다고 생각했기 때문이다. 또한 1992
년 유럽연합의 공동시장이 완성됨에 따라, 기존에 역내 무역장벽을
피해 중복투자 되었던 공장이 정리될 필요가 있었다. 이에 따라 르노

---

46) Jean-Louis Loubet. Renault: Histoire d'une entreprise. Boulogne Billancourt: E-T-A-I, 2000,
　　p.350.
47) Louis Schweitzer회장, 이사회 (Conseil d'administration) 기록, 1997년 3월 20일.

자동차는 1997년 2월 27일 빌보르드 공장을 1997년 7월 31일부로 직장을 폐쇄한다는 결정을 발표하였다.

공장폐쇄는 각 공장의 이윤율에 따른 비용대비 효율성의 원칙에 따라 결정되었다. 르노 자동차의 경영진은 "벨기에의 빌보르드(Vilvorde) 공장의 인건비는 프랑스보다 30%, 스페인보다 70% 비싸며, 자동차 조립 시간은 프랑스의 두에(Douai)공장보다 15% 더 걸리고 이는 1년에 2억 5000만 프랑의 추가비용을 발생시키고 있다"[48])라고 지적하였다. 르노 자동차가 벨기에의 빌보르드 공장을 폐쇄하고, 프랑스의 두에와 스페인의 팔렌시아(Palencia) 공장에 생산을 집중시키면, 8억 5000만 프랑의 이익을 창출할 수 있다는 보고서가 나왔다. 더욱이 1996년 르노는 10년 만에 처음으로 적자를 기록하였다. 적자액은 무려 52억 4800만 프랑에 달하였다.[49])

르노자동차의 벨기에 빌보르드 공장 폐쇄 결정은 "용기있는 결정"이라며 대주주들의 환영을 받았고 주식시장에서 르노주식의 가치는 즉시 상승하였다. 반면에 르노자동차의 빌보르드 공장폐쇄는 공장직원 3100명을 해고하면서, 공장근로자 및 지역사회의 큰 반발을 가져왔다.[50]) 실제로 르노가 빌보르드의 공장폐쇄에 관련하여, 벨기에의 데안(Dehaene) 총리가 1997년 6월 7일 프랑스 리오넬 조스펭(Lionel Jospin)의 총리관저로 방문하여 프랑스 정부가 르노 자동차의 최대 주주로서 영향력을 행사해 줄 것을 부탁할 정도로 백방의 노력을 기울였지만 르노 자동차는 공장폐쇄를 단행하였다.

---

48) *Le monde*, March 20, 1997.

49) Jean-Louis LOUBET, p.350.

50) "빌 보르드 공장 폐쇄에 대한 프랑스 정부기록보관실 자료", http://www.ina.fr/video/CAC98002241/vilvorde-renault-suite.fr.html

조스펭 총리는 프랑스 사회당 출신으로, 프랑스 좌파연정을 이끌었다. 그리고 총선 캠페인 당시 노동계에 대한 우호 제스처로 빌보르드 공장의 폐쇄를 재검토하겠다고 약속하기까지 하였다. 심지어 1997년 3월 16일에는 벨기에 브뤼셀에서 정리해고대상 노동자들과 시위를 하기까지 하였다. 그러나 집권이후 조스펭 총리의 입장이 변화하였다. 조스펭 총리는 독립적인 전문가가 르노의 벨기에 공장 폐쇄에 관련된 사안을 검토하게끔 하였다. 전문가 보고서에 따르면 르노자동차의 국제경쟁력을 개선하기위해서는 빌보르드 공장을 폐쇄할 수 밖에 없다고 명시되었다.[51] 조스펭 총리의 입장선회의 이유는 빌보르드가 프랑스 문제가 아니며, 빌보르드 공장폐쇄를 번복할 경우 르노의 프랑스 공장들이 위험에 처할 수 있다는 계산에서 나온 행동이었다. 또한 르노자동차의 프랑스 노조도 벨기에 공장의 운영보다는 해직된 벨기에 노동자에 대한 르노자동차의 향후 대책에 더 관심이 많았다.[52] 결국 1997년 6월 7일 담화문에서 "빌보르드 문제는 프랑스 정부가 결정할 문제가 아니다."라고 못 박았다.[53] 결국 프랑스 정부는 국영기업인 르노자동차의 대주주였으며, 벨기에 정부의 요청이 있었음에도 불구하고, 이 사안에 대한 개입을 기업 경영에 대한 정부간섭이라며 거부하였던 것이다.

노동계와 밀접한 이해 관계를 가진 프랑스 좌파 정부의 총리인 조스펭이 벨기에 정부의 간곡한 요청에도 불구하고 르노 자동차의 벨기에 공장 폐쇄를 묵인한 반면에, 친기업 성향의 프랑스 우파 정권

---

51) "벨기에 정부의 프랑스 조스펭 총리 비판", http://www.independent.co.uk/news/world/jospin-accused-of-reneging-on-renault-pledge-1248353.html

52) "르노자동차의 벨기에 공장 폐쇄에 대한 프랑스 정부 및 노조입장". http://lexpansion.lexpress.fr/economie/entreprises-publiques-ne-pas-casser-la-logique-des-privatisations_7721.html

53) Gérard Desportes, Laurent Mauduit,*La gauche imaginaire et le nouveau capitalisme*, (Paris: Grasset, 1999).

의 대통령인 사르코지(Sarkozy)는 르노자동차가 프랑스 플렝(Flins) 공장 자동차 생산을 터키 부르사(Bursa)로 통합이전하려는 계획을 좌절시켰다.

프랑스 경제지 라 트뤼빈(La Tribune)이 르노자동차가 프랑스 플렝(Flins) 공장과 터키의 부르사(Bursa) 공장에서 생산되고 있는 클리오4(Clio4) 모델을 비용상의 문제로 터키 부르사 공장으로 생산을 모두 이전한다고 폭로하였다.[54]

프랑스 정부는 격렬한 반응을 보였다. 당장 1월 12일 산업부 장관인 에트로시(Estrosi)는 하원연설에서 Clio4가 터키에서 생산되도록 좌시할 수 없다고 하면서 "르노 자동차가 프랑스에서 판매되기 위해서는 프랑스에서 생산되도록 해야한다."고 연설하였다.[55] 이러한 프랑스의 보호주의적인 태도에 EU 집행위원회는 대변인 성명을 통해 우려를 표시하였다. 이에 2010년 1월 15일 프랑스 산업부 장관인 에트로시는 EU 경쟁정책 담당 집행위원인 닐리 크로스(Neelie Kroes)에 서한을 보내서 EU의 규약은 국가가 대주주로 있는 기업[56]에서 정부가 기업경영진과 기업의 전략에 대해 의견을 교환하고 유럽시장에서 판매되는 자동차가 EU에서 생산되어야 한다는 의견을 피력한 것은 문제가 되지 않는다며 프랑스 정부의 입장을 전달하였다.

기업에 대한 자국차원의 보호주의를 제한하고 있는 EU의 경쟁정책에서 물의를 일으키면서까지 르노 자동차 생산기지를 프랑스 내

---

54) "라 트뤼빈(La Tribune)지의 르노 자동차 Clio4 공장 터키 이전 계획 폭록기사", http://www.latribune.fr/journal/edition-du-1601/evenement/346009/quand-sarko-regit-renault.html

55) "르노 자동차 Clio4 생산기지 이전 계획에 대한 프랑스 정부의 반응산업부 장관",http://www.lepoint.fr/actualites-politique/2010-01-15/delocalisation-de-renault-en-turquie-le-dernier-mot-a-nicolas/917/0/413926

56) 르노 주식의 15%는 프랑스 정부가 소유하고 있다.

에 묶어두려는 프랑스 정부의 시도는 사르코지 대통령이 르노 자동차 회장인 카를로스 곤(Carlos Ghosn)을 2010년 1월 15일 대통령궁으로 호출하면서 절정에 이르렀다. 카를로스 회장을 소환하기에 앞서 2010년 1월 13일 사르코지 대통령은 "공장의 전체 생산이 해외에서 이루어지는 기업에는 돈을 한 푼도 줄 수 없다."고 압력을 가하였다. 이는 2008년 금융위기이후 프랑스 정부가 자국 자동차 기업에 대해 금융지원을 한 것을 무기로 삼은 것이다.[57] 결국 카를로스 곤 회장은 프랑스 정부에 굴복하여 사르코지 대통령과의 면담이후에 르노자동차 Clio4 모델의 생산은 터키와 프랑스에서 함께 이루어질 것이라고 기자회견을 하였다.[58] 그러나 14000유로 가격의 Clio3 모델도 현재 프랑스와 터키의 생산가격이 10%이상 차이가 나는 상황에서 프랑스 정부의 르노자동차에 대한 압력은 기업경영에 제약을 가하는 조치였다.

친-기업적인 입장을 견지하고 있는 프랑스 사르코지 정부도 기업의 전략보다 자국 내에서 고용을 우선시하였다. 이는 노동계에 우호적인 조스펭 정부가 벨기에 노동자의 입장을 외면하고 자국 기업의 입장을 옹호한 것과는 대비를 이룬다. 당시 조스펭 정부는 프랑스 정부가 르노 자동차의 대주주의 지위에 있지만 민간기업 경영에 정부가 개입할 수 없다는 것이었지만, 민간기업 경영의 문제가 프랑스 고용에 영향을 주게 되자 사르코지 정부는 기업경영에 직접적으로 개입하였다. 결국 다국적기업도 결코 다국적기업의 본사가 위치한

57) "프랑스 정부와 사르코지 대통령의 르노 자동차 생산기지 해외이전에 대한 압력 행사", http://www.lepoint.fr/actualites-politique/2010-01-15/delocalisation-de-renault-en-turquie-le-dernier-mot-a-nicolas/917/0/413926

58) "르노 자동차의 회장의 Clio4 프랑스 공장 유지 기자회견", http://lexpansion.lexpress.fr/economie/la-future-renault-clio-maintenue-en-france-info-ou-intox_224856.html

국가의 정치적, 경제적, 사회적 영향을 받는다는 것을 입증한 것이다. 이는 다국적기업이 기업의 의사결정에서 결코 다국적일 수 없다는 로베르 봐이예(Robert Boyer)의 이론을 증명하는 사례이다.

르노 자동차의 생산기지 이전문제는 앞서 언급한 바라바시의 네트워크 이론에서 제기된 "작은 노드들은 네트워크의 통합성에 그다지 영향을 미치지 못한다."로 조명할 수 있다. 이는 노드 차원의 변화와 저항이 네트워크 전체에 미치는 영향이 제한적일 수밖에 없다는 것을 지적한 것이다.

이를 1997년 르노 자동차의 벨기에 공장 이전문제에 적용하면, 네트워크에서 허브의 위치에 있는 르노자동차의 본사가 노드의 위치에 있는 벨기에 빌보르드 공장폐쇄를 단행하자 노드의 위치에 있는 벨기에에서 저항과 희생이 발생하였지만 르노 자동차 네트워크에는 아무런 영향을 주지 못했다는 것이다. 실제로 르노 자동차가 벨기에 빌보르드 공장폐쇄를 결정하였을 때 벨기에 르노자동차 노조는 즉각 공장 점거로 응수하였고, 벨기에 정부도 르노자동차의 결정을 되돌리기 위해 백방으로 노력하였다. 그러나 이는 아무런 효과를 발휘하지 못하고, 벨기에는 르노자동차가 1997년 빌보르드 공장을 폐쇄하여 3100명을 감원하여 장기실업이 초래되는 상황을 바라볼 수밖에 없었다.

1997년 르노 자동차의 벨기에 철수이후 벨기에에 투자했던 다른 다국적 자동차 기업도 철수하기 시작하였다. 폭스바겐이 2006년 포레스트(Forest)에 있는 공장을 폐쇄하여 4000명을 감원하였고, 지엠(GM)산하의 오펠(OPEL)이 2007년 안트워프 공장을 폐쇄하여 1400명의 자동차 산업분야 대량실업이 다시 발생하였다.

<표 1.5.-7> 벨기에 자동차 산업 종사자 수

년도	자동차 생산직 종사자 수
1991	39,697
1992	37,775
1993	35,814
1994	32,549
1995	31,167
1996	33,212
1997	32,760
1998	30,896
1999	27,555
2000	27,407
2001	26,979
2002	24,834
2003	23,757
2004	21,453
2005	20,760
2006	21,319

출처 : Agoria[59]

    <표 1.5.-7>에서 볼 수 있듯이, 1997년 대비 2006년 벨기에 자동차 산업의 생산자 수는 무려 35%가 축소되었다. 문제는 다국적기업 중심으로 세계 자동차 산업이 재편된 현실에서, 벨기에와 소규모 경제국가가 홀로 자동차 산업을 재가동하는 것은 불가능해졌다는 것이다. 결국 벨기에 자동차 산업에서 해고된 인력은 자동차 산업에 다시 흡수될 수 없었다. 실제로 1997년 르노가 해고한 인력은 재취업이 되지 못한 채, 오랫동안 장기실업에 시달렸다. 르노 사태에서 볼 수 있듯이 노드의 위치에 있는 다국적 기업의 지사 및 그 정부는 다국적기업의 공장이전에 아무런 조치를 취할 수도 없었다.

---

59) "벨기에 자동차 공업 종사자 (Agoria 재인용)," http://www.febiac.be/statistiques/2008/emploi.xls
(2009년 11월 20일 검색)

제 2 장

제 2차 세계대전 이후의
다자간 무역질서 확립

대공황 이후부터 제 2차 세계대전까지 전 세계는 경제적 문제에 직면하여 자국시장에 타국상품의 시장진입장벽을 높여서 수입 대체 효과를 발생시키고, 이를 통해서 경기부양을 추구하였다. 그 결과 무역 장벽은 확대되었으며, 제 1차 세계대전 이후 식민지를 상실하였던 독일 등의 국가는 심각한 타격을 받게 되었다. 경제적 타격을 받은 독일에서 극우민족주의는 확대되었고, 선거를 통해 집권한 아돌프 히틀러는 영토확장과 군수산업확대를 통해서 경기 부양을 시도하였다. 또한 만주사변에 따른 미국과 영국의 일본 경제제재 및 미국의 석유금수 조치는 일본의 진주만 공격의 원인 중 하나가 되었다. 결국 보호무역은 제 2차 세계대전의 원인 중 하나가 되었다.

출처: Bureau of Census (Historical Statistics of the United States, Part 2, 1976)[60]

<그림 2.-1> 미국의 평균 관세율

<그림 2.-1>은 1821년부터 1970년까지 미국의 평균 관세율에 대한 미국 통계청 자료이다. 자료에서 볼 수 있는 바와 같이 1929년 대공황이후 관세율이 큰 폭으로 상승하였다.

대공황(Great Depression)은 1929년 10월 24일 미국 뉴욕주식거래소의 주가가 전날보다 11%나 떨어지면서 시작되었다. 주가가 하락하자 크게 떨어지자 주식 투매가 발생하였고 주식시장은 대혼란에 빠졌다. 주가 폭락에 따라 파산하는 기업이 속출하였고, 실업자가 양산되었다.

대공황이 발생한 원인 중 하나는 제1차 세계대전 이후 미국에서 계속된 과잉 생산이었다. 소비에 비해 과잉으로 이루어진 생산은 심각한 수준의 재고를 양산하였고, 이는 기업의 부실로 이어졌다.

문제는 대공황에 미국 정치권이 보호무역으로 대응하면서 대공황

---

60) http://internationalecon.com/Trade/Tch20/T20-3.php 자료 재인용

은 전 세계로 확산되었다. 대공황이 발생하자 당시 미국 대통령 허버트 후버(Herbert Hoover)는 문제를 해결하기 위해 자국 기업에 대한 구조조정을 하는 대신 수입품에 대한 관세율을 올리는 정책을 실시하였다. 관세인상에 따라 수입품 가격이 인상되면 미국산 상품이 수입품을 대체할 것이라고 생각에서 이와 같은 정책이 추진되었다. 미국 의회에서 하원 세입·세출위원장이었던 윌리스 홀리(Willis C. Hawley)와 상원 세입위원장이었던 리드 스무트(Reed Smoot)는 대공황을 해결하기 위해 공동으로 관세인상에 관한 법안을 제출하였다. 법안의 주요 내용은 2만여 개가 넘는 외국 수입품에 관세율을 최고 59%까지 부여하는 것이었다.

처음 법안을 만들 때의 법안의 목적은 미국 농가를 보호하기 위해 수입 농산품에 대해 관세를 인상하는 것이었다. 그러나 국내 대부분의 산업체들이 자신들의 산업을 보호해달라고 요청하자 결과적으로 2만여 개에 달하는 수입품에 높은 관세가 부여되었다.

1930년 5월 이 법안이 통과되자 많은 미국의 산업계는 수입대체 효과로 대공황 종식하는 것에 대한 기대를 갖고 있었다. 실제로 내수 기업의 매출이 단기적으로 상승하기도 하였다.

<표 2.-2> 대공황 전후 국제 관세 변화

Country	Average Ad Valorem Equivalent Tariffs	
	1920–1929	1930–1940
United States		
Total imports	13.0	16.6
Dutiable imports	35.1	44.5
Other countries		
Trade–Weighted Average	9.9	19.9
Canada	13.4	15.2
France	7.1	21.0
Germany	7.2	26.1
Italy	4.5	16.8
United Kingdom	9.8	23.2

출처: Federal Reserve Bank of New York[61]

미국의 관세장벽으로 자국 상품의 미국판매가 위축되자 미국의 최대 교역상대국들이었던 유럽 국가들이 '보복' 관세 법안을 제정하기 시작하였다. 영국은 일반 관세법을 만들어 모든 수입품에 대해 32% 관세를 부여하였고, 프랑스·독일·캐나다도 미국에 '보복 관세'를 부여하였다. 전 세계는 무역전쟁에 휘말리게 되었다. 미국의 유럽 수출액은 1929년 23억 달러에서 1932년에는 7억 8400만 달러로 큰 폭으로 축소되었다. 같은 시기 유럽의 미국 수출액도 13억 달러에서 4억 달러로 3분의 1 수준으로 축소되었다.

결국 미국의 관세인상은 부메랑이 되어서 미국 산업계를 위협하

---

61) Mario J. Crucini and James Kahn. Tariffs and the Great Depression Revisited. Federal Reserve Bank of New York Staff Reports (2003), p. 5

였다. 미국의 실업률은 1929년 3%에서 1933년에는 25%로 급상승하였다.[62]

당시 전 세계에서 식민지 경영을 하고 있었던 주요 선진 자본주의국은 자국의 시장부족과 실업증대를 해결하기 위해 식민지와 종속국을 묶어 자급자족적인 블록경제를 형성하였고 다른 국가가 자국의 경제블록과 교역하는 것을 제한하였다. 이러한 상황에서 제 1차 세계대전 이후 식민지를 상실하였던 독일은 심각한 타격을 입게되었다. 독일의 실업자는 6백만 명으로 급증하였다.

이와 같은 독일경제의 파탄은 극단주의 세력이 부흥하는 계기가 되었다. 그리고 제 2차 세계대전의 파국을 초래한 아돌프 히틀러가 1933년 선거를 통해서 집권하는 계기가 되었다.

보호무역이 초래한 파국에 대한 반성에서 제 2차 세계대전 이후 세계 무역의 자유화에 대한 국제적인 논의가 진행되었고, GATT를 중심으로 한 다자간 무역질서가 확대되었다. GATT체제에는 없었던 세계무역분쟁 조정, 관세인하 요구, 반덤핑 규제 등 준사법적 권한과 구속력을 행사하며, 지적재산권 등 새로운 교역과제를 포괄해 회원국의 무역관련법·제도·관행 등을 제고를 통해 세계 교역을 증진하는 데 역점을 둔 WTO가 1995년에 출범하였다.[63]

---

62) 경제공황 이후 보호무역주의 장벽에 대한 설명은 아래의 기사 인용
    조선일보. "[경제이야기] 美, 관세 올려 대공황 탈출 시도했지만…" (2018년 3월 16일 기사)
    http://newsteacher.chosun.com/site/data/html_dir/2018/03/14/2018031403517.html

63) KDI경제정보센터. "FTA와 WTO". https://eiec.kdi.re.kr/material/archive/concept/view.jsp?cc=
    00002000010000100011&cid=157

2.1. GATT의 탄생과 무역 자유화

세계적 경제혼란의 와중에서 강대국들이 과잉생산과 실업문제를 해결하기 위한 시장확장의 노력과 보호무역주의 성향의 마찰로 인해 2차 세계대전이 발발하였다. 이에 따라 2차 세계 대전 종전 이후 세계 각국은 통상과 원료획득에 동등한 기회를 부여받을 수 있는 경제질서를 확립하자는 취지에서 1946년 2월 국제무역기구(ITO: International Trade Organization) 창설에 합의하고 ITO 설립을 위한 <아바나 헌장>을 채택함으로써 시작되었다.[64]

그러나 이 국제무역기구의 헌장은 너무 이상적이어서 그 설립이 유산되고 말았다. 특히 미국 트루만 대통령이 미국 의회의 동의를 얻는데 실패한 것이 큰 원인이 되었다. 이때 헌장을 기초한 당시 준비위원회의 회원이었던 각국 정부는 헌장의 발효를 기다리지 않고 우선적으로 관세 및 비관세 무역장벽을 축소하기 위한 협정에 합의하여 1974년 4월부터 제네바에서 23개국이 참가한 가운데 관세인하 협상이 진행되었다.

이와 같은 상호관세를 위하여, 약속한 관세율과 관세인하의 효과를 유지시키기 위하여, 필요한 무역측면에서의 규정을 하나의 조약으로 정리한 것이 바로 "관세 및 무역에 관한 일반협정(GATT: General Agreement on Tariffs and Trade)이다. GATT는, 1948년 1월 1일을 기해 세계무역의 기본 규정으로 출발하면서, 전 세계 무역질서는 다자간 무역질서를 중심으로 재편되었다.

---

64) 행정안전부 국가기록원. "다자간무역협정". http://www.archives.go.kr/next/search/listSubjectDescription. do?id=003504

<표 2.1.-1> GATT/다자간 무역협상 라운드 약사

명칭	기간	참가국	주요내용
1차 라운드 (제네바 라운드)	1947. 4 ~1947.10	23개국	○ GATT 설립을 위한 최초의 관세인하 협상 ○ 45,000개 공산품을 관세양허 - 국별·품목별 협상 방식 채택. 2국간에 양허요 구표(Request List)와 양허가능품목(Offer List) 을 상호교환, 양허의 균형을 추구. 이러한 2 국간 교섭을 다각적으로 동시진행
2차 라운드 (앙시 라운드)	1949.4	32개국	○ GATT 기존 회원국과 11개 신규 가입국간 교섭 ○ 5,000개 공산품을 관세양허 - 국별, 품목별 협상 방식
3차 라운드 (토케이 라운드)	1950.9	34개국	○ GATT 기존회원국과 7개방식 신규 가입국간 교 섭 및 기한이 만료된 종래의 관세양허 재교섭 ○ 8,000개 공산품을 관세양허 - 국별·품목별 협상 방식
4차 라운드 (제네바 라운드)	1956.1	22개국	○ 3,000개 공산품을 관세양허 - 국별·품목별 협상 방식
5차 라운드 (딜론 라운드)	1960.9~ 1961.5	23개국	○ EEC의 공통관세 설정에 따른 관세 양허교섭 ○ 4,440개 공산품에 대한 관세율 평균 7% 인하 - 국별·품목별 협상방식의 한계 노정
6차 라운드 (케네디 라운드)	1963.11 ~1967.5	46개국	○ 미국과 EEC간의 관세장벽 제거를 목표 ○ 30,000개 품목에 대해 관세율을 평균 35% 인하 - 일률인하방식(linear reduction) 채택. 예외품목 을 제외한 대상품목에 대해 일정 관세인하폭 을 일괄 적용
7차 라운드 (도쿄 라운드)	1973.9~ 1979.11	99개국	○ 1971년 스미소니안 합의에 따라 출범 ○ 33,000개 품목에 대한 관세율을 평균 33%인하 - 조화인하(harmonization cut) 방식 채택. 기존 관세율이 높을 수록 큰 폭의 인하율을 적용 ○ 비관세장벽 제거를 위한 협정 제정(이른바 MTN 협정) - 관세평가협정 - 보조금 및 상계관세협정 - 반덤핑협정 - 정부조달협정 - 수입허가절차협정 - 무역에 대한 기술장벽협정 - 국제 낙농협정 - 국제 우육협정 - 민간항공기 교역협정

			○ 개도국에 대한 우대 및 의무규정
			- 선진국의 개도국에 대한 일반특혜관세제도 (GSP)를 합법화
			- 신흥공업국들에 대한 「개도국 졸업 조항」신설

8차 라운드 (우루과이 라운드)	1986.9~ 1994.4	125개국	○ 세계무역기구(WTO) 설립
			   - 항구적이고 강력한 국제무역기구의 설립으로 다자무역체제 강화
			   - 회원국의 국내법을 WTO 규정에 합치시키도록 규정
			 ○ 공산품 관세인하 및 비관세장벽 완화
			   - UR 협상이전에 비해 1/3이상 관세 인하 - VER, OMA등 회색조치의 철폐
			 ○ 농산물 및 섬유류 무역의 GATT 편입
			 ○ 기존 GATT 규범의 강화
			   - 반덤핑, 보조금.상계관세, 세이프가드 등의 명료성을 제고하고, 규율을 강화
			 ○ 서비스무역에 관한 기본규범 설정 및 최초의 양허교섭 완료
			 ○ 지적재산권 보호 및 투자관련조치에 관한 규범 마련
			 ○ 통합분쟁해결절차 및 규칙(DSU)합의

출처: 외교부65)

GATT는 WTO가 출범하기까지 8차의 무역라운드를 통해서 전 세계 차원에서 관세장벽을 낮추는데 크게 기여하였다.

GATT가 세계 무역에서 관세무역을 낮출 수 있었던 기본 원칙은 GATT 1조에 규정된 '최혜국대우(MFN: Most Favoured Nation Treatment)'66)이다. GATT가맹국은 '최혜국조항'에 의거하여 특정

65) 외교부. "GATT/다자간 무역협상 라운드 약사" http://www.mofa.go.kr/www/brd/m_3893/view. do?seq=304609&srchFr=&srchTo=&srchWord=&srchTp=&multi_itm_seq=0&itm_seq_1=0&itm_seq_2=0&company_cd=&company_nm=&page=42

66) GATT 협정문 제 1조 일반적최혜국의 1항의 내용은 다음과 같다.
"수입 또는 수출에 대하여 또는 수입 또는 수출과 관련하여 부과되거나 수입 또는 수출에 대한 지급의 국제적 이전에 대하여 부과되는 관세 및 모든 종류의 과징금에 관하여, 동 관세 및 과징금의 부과방법에 관하여, 수입 또는 수출과 관련된 모든 규칙 및 절차에 관하여, 그리고 제3조제2항 및 제4항에 언급된 모든 사항에 관하여 체약당사자가 타국을 원산지로 하거나 행선지로 하는 상품에 대하여 부여하는 제반 편의, 호의, 특권 또는 면제는 다른 모든 체약당사자의 영토를 원산지로 하거나 행선지로 하는 동종 상품에 대하여 즉시 그리고 무조건적으로 부여되어야 한다."

<표 2.1.-2> GATT 체제 하의 주요산업국의 평균관세 인하

Industry	Tariff Reduction
Wood, pulp, furniture, paper	69%
Metals	62%
Nonelectric machinery	60%
Mineral products	52%
Electric machinery	47%
Chemicals and photgraphic supplies	45%
Transport equipment	23%
Textiles and clothing	22%
Leather, rubber	18%[1]

출처: International Trade Policies: The Uruguay Round and Beyond. Vol. Ⅱ, Background Paper. International Monetary Fund. November 1994. p.57.[67]

교역상대국에 대해서 다른 국가보다 특혜를 주지 않는다는 것을 기본원칙으로 하고 있다. 따라서 GATT가맹국이 특정 교역대상국에 대해 관세율을 낮추게 될 경우, 이는 자동적을 다른 GATT가맹국들에게도 적용되게 되었다.

GATT체제의 무역자유화를 추진하기 위한 관세의 인하방식은 양자간협상혹은 다자간협상에 의하여 이루어졌다. 양자간협상의 경우

(출처: 외교부. http://www.mofa.go.kr/www/brd/m_3893/view.do?seq=294223&srchFr=&amp%3BsrchTo=&amp%3BsrchWord=&amp%3BsrchTp=&amp%3Bmulti_itm_seq=0&amp%3Bitm_seq_1=0&amp%3Bitm_seq_2=0&amp%3Bcompany_cd=&amp%3Bcompany_nm=)

67) http://www.ncpathinktank.org/pub/bg135?pg=3 자료 재인용

에는 GATT 가맹국 중 어느 두 나라가 개별적으로 관세인하 협상을 하고 그 결과 인하된 관세율을 전 가맹국에 적용하는 것이었다. 이와 같은 양자간협상 결과는 최혜국 조항에 의거하여 다자간협상과 마찬가지의 결과를 가져올 수 있었다.

또한 GATT는 GATT가맹국이 다른 가맹국으로부터 수입된 물품에 대해서 조세나 기타 정책수단을 적용할 때, 자국상품과 차별대우하는 것을 금지하였다. 이를 '내국민 대우(National Treatment)'[68]라

---

68) GATT 협정문 제 3조 내국과세 및 규정에 관한 내국민대우의 각 항의 내용은 다음과 같다.
1. 체약당사자들은 내국세 및 그밖의 내국과징금과 상품의 국내판매, 판매를 위한 제공, 구매, 운송, 유통 또는 사용에 영향을 주는 법률·규정·요건과 특정 수량 또는 비율로 상품을 혼합하거나 가공 또는 사용하도록 요구하는 내국의 수량적 규정이 국내생산을 보호하기 위하여 수입상품 또는 국내상품에 적용되어서는 아니된다는 것을 인정한다.
2. 다른 체약당사자의 영토내로 수입되는 체약당사자 영토의 상품은 동종의 국내상품에 직접적 또는 간접적으로 적용되는 내국세 또는 그밖의 모든 종류의 내국과징금을 초과하는 내국세 또는 그밖의 모든 종류의 내국과징금의 부과대상이 직접적으로든 간접적으로든 되지 아니한다. 또한, 어떠한 체약당사자도 제1항에 명시된 원칙에 반하는 방식으로 수입 또는 국내 상품에 내국세 또는 그밖의 내국과징금을 달리 적용하지 아니한다.
3. 제2항의 규정에는 불합치되지만 과세된 상품에 대한 수입관세를 인상하지 아니하기로 양허한 1947년 4월 10일 현재 유효한 무역협정에 의하여 구체적으로 승인된 현존하는 내국세에 관하여, 이를 부과하는 체약당사자는 동 내국세의 보호적 요소를 철폐하는 데 대한 보상에 필요한 정도까지 동 수입관세를 인상할 수 있도록 동 무역협정상의 의무로부터 해제될 때까지는 동 내국세에 대한 제2항 규정의 적용을 연기할 수 있다.
4. 다른 체약당사자의 영토내로 수입되는 체약당사자 영토의 상품은 그 국내판매, 판매를 위한 제공, 구매, 운송, 유통 또는 사용에 영향을 주는 모든 법률, 규정, 요건에 관하여 국내원산의 동종상품에 부여되는 대우보다 불리하지 않은 대우를 부여받아야 한다. 이 항의 규정은 상품의 국적에 기초하지 아니하고 전적으로 운송수단의 경제적 운영에 기초한 차등적 국내운임의 적용을 방해하지 아니한다.
5. 어떠한 체약당사자도 특정 수량 또는 비율로 상품을 혼합, 가공 또는 사용하는 것에 관련된 내국의 수량적 규정으로서, 그 적용을 받는 특정 수량 또는 비율의 상품이 국내공급원으로부터 공급되어야 함을 직접적 또는 간접적으로 요구하는 규정을 설정하거나 유지하지 아니한다. 또한 어떠한 체약당사자도 제1항에 명시된 원칙에 반하는 방식으로 내국의 수량적 규칙을 달리 적용하지 아니한다.
6. 제5항의 규정은, 체약당사자의 선택에 따라 1939년 7월 1일, 1947년 4월 10일 또는 1948년 3월 24일 현재 동 체약당사자의 영토내에서 유효한 어떠한 내국의 수량적 규칙에도 적용되지 아니한다. 단, 제5항의 규정에 반하는 이러한 규칙은 수입에 장애가 되도록 수정되어서는 아니되며, 또한 협상의 목적상 관세로 취급된다.
7. 특정 수량 또는 비율로 상품을 혼합하거나 가공 또는 사용하는 것에 관련된 어떠한 내국의 수량적 규정도 동 수량 또는 비율을 국외공급원간에 할당하는 방식으로 적용되어서는 아니된다.
8. (a) 이 조의 규정은 상업적 재판매 또는 상업적 판매를 위한 재화의 생산에 사용할 목적이 아닌, 정부기관에 의하여 정부의 목적을 위하여 구매되는 상품의 조달을 규율하는 법률, 규정 또는 요건에는 적용되지 아니한다.

고 한다.

또한 GATT는 국내산업의 보호수단으로 관세를 유일하게 합법적인 것으로 인정하고 수입 및 수출에 대한 수량제한은 원칙적으로는 전혀 인정하지 않았다. 이는 수량제한이 더 직접적인 무역의 장애요인으로서 차별적으로 운용될 가능성이 많기 때문이다. 다만 GATT는 국방과 공중도덕, 생명, 건강의 보호를 위해 불가피한 경우에는 예외적인 것으로 수량제한을 인정하였다. 물론 GATT회원국의 협약에 따라서 예외적인 상황 발생하였는데 대표적인 사례가 "섬유쿼터제"이다. 섬유쿼터제는 섬유의 수입량을 수출실적에 따라 매년 제한하는 제도였다. 1974년 GATT차원에서 합의된 국제섬유협정에 의해 미국과 EU등이 2005년까지 시행해온 제도였다. 섬유쿼터제가 실시될 당시에는 각국 별로 섬유수출이 제약되었기 때문에 인도나 중국에서의 선진국으로 섬유수출이 제약을 받았다.[69]

이와 같이 GATT차원에서 진행된 무역자유화에 따라서 세계교역을 획기적으로 증가하였다.

(b) 이 조의 규정은 이 조의 규정에 합치되게 적용된 내국 세금 또는 과징금의 수익으로부터 발생한 국내생산자에 대한 지급금 및 정부의 국내상품 구매를 통하여 실현된 보조금을 포함하여 보조금을 국내생산자에게 배타적으로 지급하는 것을 방해하지 아니한다.
9. 체약당사자들은 내국의 최고가격 통제조치가 이 조의 다른 규정에는 합치한다 하더라도 수입상품을 공급하는 체약당사자의 이익을 저해하는 효과를 가질 수 있다는 것을 인정한다. 따라서 이러한 조치를 적용하는 체약당사자는 이러한 저해효과를 가능한 한 최대한도로 피할 목적으로 수출체약당사자의 이익을 고려한다.
10. 이 조의 규정은 체약당사자가 노출영화필름에 관한 것으로서 제4조의 요건을 충족하는 내국의 수량적 규정을 설정하거나 유지하는 것을 방해하지 아니한다.
(출처: 외교부. http://www.mofa.go.kr/www/brd/m_3893/view.do?seq=294223&srchFr=&amp%3BsrchTo=&amp%3BsrchWord=&amp%3BsrchTp=&amp%3Bmulti_itm_seq=0&amp%3Bitm_seq_1=0&amp%3Bitm_seq_2=0&amp%3Bcompany_cd=&amp%3Bcompany_nm=)

69) 선진국의 수출국별 섬유쿼터를 피하기 위해서, 중앙아메리카 등지에서 한국인들이 섬유공장을 운영하기도 하였고, 중국인들이 태평양의 사이판에서 섬유공장을 운영하기도 하였다. 그러나 2005년 섬유쿼터제의 폐지와 함께 이들 지역에서 섬유산업은 중국, 인도 등에 경쟁력에서 밀려서 쇠퇴의 길을 걷게 되었다.

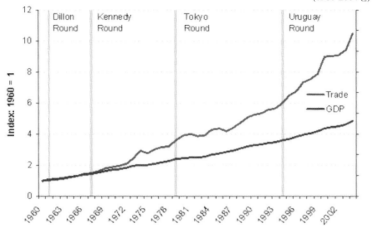

(1960-2004년)

출처: World Bank[70]

<그림 2.1.-1> 세계교역과 GDP증가

<그림 2.1.-1>에서 볼 수 있는 바와 같이 GATT체제하에서 세계교역은 빠른 속도로 증가하였다. 1960년에 비해서 1950년 세계교역은 6배 이상 증가하였고, 2004년에는 10배 이상 증가하였다.

이와 같은 세계교역의 증가속도는 같은 기간 세계 GDP상승을 훨씬 상회하는 것이었다. 이와 같은 세계교역의 증가와 함께 세계 각국의 타국에 대한 경제의존도는 더욱 증대되었다. 또한 과거와 달리, 수입과 수출이 없는 경제활동을 생각할 수 없을 정도로 되어, 생활 속의 지구촌이 실현되었다.

---

70) 호주 외교통상부 자료 https://dfat.gov.au/trade/topics/review-of-export-policies-programs/Pages/review-of-export-policies-and-programs-key-issues.aspx 재인용.

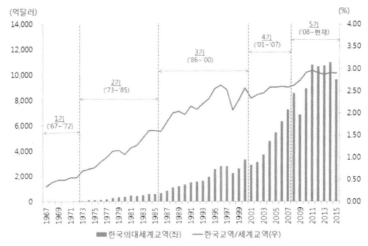

<그림 2.1.-2> GATT 가입 후 한국의 교역 추이

한국도 1967년 4월 5일 GATT가입 발효 이후 세계교역이 큰 폭
으로 증가하였다. 한국은 GATT가입 초기에는 개도국 신분인
GATT18조 B國72)으로 GATT차원에서 용인된 무역규제를 행사하면

---

71) 연합뉴스. "한국, GATT 가입 50주년,,, 도약에서 답보로". (2017년 4월 10일자 기사)
   http://www.yonhapnews.co.kr/bulletin/2017/04/10/0200000000AKR20170410062900003.HTML

72) GATT 조약 18조 B절의 내용은 다음과 같다.
   8. 체약당사자들은 이 조 제4항(a)의 범위 내에 드는 체약당사자가 급속한 개발과정에 있을 때 교
   역조건의 불안정에서뿐만 아니라 자신의 국내시장을 확대하기 위한 노력에서 주로 발생하는 국제
   수지상의 어려움을 경험하게 되는 경향이 있음을 인정한다.
   9. 자신의 대외재정상황을 보호하고 경제개발계획의 실시에 충분한 수준의 통화준비를 확보하기
   위하여, 이 조 제4항(a)의 범위 내에 드는 체약당사자는 수입이 허가된 상품의 물량 또는 금액을
   제한함으로써 일반적인 수입수준을 제10항에서 제12항까지의 규정에 따를 것을 조건으로 통제할
   수 있다. 단, 설정되거나 유지 또는 강화되는 수입제한은 다음을 위하여 필요한 것을 초과하지 아
   니한다.
   (a) 자신의 통화준비의 심각한 감소라는 위험을 예방하거나 심각한 감소를 중지시키기 위한 것 또는
   (b) 불충분한 통화준비를 보유한 체약당사자의 경우 자신의 통화준비의 합리적인 증가율을 달성하
   기 위한 것
   위의 둘 중 어느 경우에 있어서든 체약당사자의 통화준비 또는 통화준비의 필요성에 영향을 주고 있
   을 수 있는 특별한 요소에 대하여 적절한 고려를 하며, 이에는 동 체약당사자에게 특별대외신용 또
   는 그밖의 재원이 이용가능한 경우 동 신용 또는 재원의 적절한 사용을 제공할 필요성이 포함된다.

서 시장보호를 할 수 있었다.

2.2. WTO와 도하라운드

1948년 GATT가 출범할 때부터 GATT는 하나의 국제기구로 인식될 수 없었다. 원래 GATT는 ITO(International Trade Organization 국제무역기구) 차원에서 진행될 다자간무역 및 관세협정이었다. 그러나 ITO설립이 무산됨에 따라서 GATT는 국제무역을 담당하는 국제규범의 사무국 역할을 하게 되었다.

이와 같은 GATT의 결함에도 불구하고 GATT의 역할은 성공적이었고, 세계무역에서 장벽이 축소되는데 크게 기여하였다. 그러나 GATT는 GATT의 불분명할 법적지위를 해소할 필요가 있었고, GATT차원에서 의무면제조치가 불분명하여 이와 같은 면제조치가 오용될 위험이 있었고, GATT회원국 간의 무역분쟁을 해결하는 절차가 명확하지 않았다.

이와 같은 GATT의 문제점을 해소하고 GATT협상에서 제외되었던 농산물, 서비스, 지적재산권의 분야를 세계무역 질서에 포함시키기 위해서 우루과이 라운드가 출범하였다.

출처: 관세청[73]

<그림 2.2.-1> WTO 조직도

    1986년 우루과이 푼타델에스테에서 개최된 GATT 각료회의에 모인 회원국등 105개국은 뉴라운드 개시를 공식선언하고 '우루과이라운드(UR: Uruguay Round)라고 명명하였다. GATT의 UR 다자간무

---

73) 관세청. https://www.customs.go.kr/kcshome/main/content/ContentView.do?contentId=CONTENT_000000000372&layoutMenuNo=311

역협상은 1994년 모로코 마라케쉬에서 개최된 각료회담에서 UR최종의정서가 채택됨으로서 공식적으로 종결되었다. UR최종의정서에 첨부되었던 세계무역기구(WTO: World Trade Organization)설립협정에 123개국 대표가 서명하여 GATT의 국제교역질서는 WTO체제로 이행되었다. WTO협정은 1995년 1월 1일부터 발효되었다.

WTO를 출범시킨 우루과이 라운드는 '공산품 관세인하 및 비관세장벽 완화 (UR 협상이전에 비해 1/3이상 관세 인하, VER OMA 등 회색조치의 철폐), 농산물 및 섬유류 무역의 GATT 편입, 기존 GATT 규범의 강화(반덤핑, 보조금.상계관세, 세이프가드 등의 명료성을 제고하고, 규율을 강화), 서비스무역에 관한 기본규범 설정 및 최초의 양허교섭 완료, 지적재산권 보호 및 투자관련조치에 관한 규범마련, 통합분쟁해결절차 및 규칙(DSU)합의 등의 성과를 낳았다.

이와 같은 우루과이 라운드의 성과에 힘입어 WTO의 출범과 함께 WTO규범의 적용대상국이 크게 확대되었다. GATT차원에서는 반덤핑, 보조금, 상계관세조치, 기술장벽 등에 규정이 책정되어 있었지만 임의로 참여한 체약국 사이에만 적용되었다. 그러나 WTO차원에서는 협약가입이 체약국의 선택사항이었던 GATT체제와는 다르게 WTO회원국은 일부협정을 제외하고 WTO규범을 일괄 수락해야하는 의무가 부과되었다. 이에 따라 무역관련 지적재산권협정, 무역관련 투자협정, 서비스 등 신규 국제무역 협상분야에 관한 규범도 개발도상국에 동등하게 적용되었다. 또한 보조금, 반덤핑 등 과거 규정은 있었지만 개발도상국의 미가입으로 규범적용에 어려움이 있었던 분야에서도 규범 적용대상국의 비약적인 확대를 가져왔다.

또한 GATT에 부재하였던, 무역분쟁해결과 각 국의 무역정책을 검토할 수 있는 권한을 WTO가 갖게되었고, 이를 통해서 WTO회원국이 일방적으로 교역상대국에 제재조치를 발동하고 반덤핑, 긴급수입제한조치를 남발하는 행위가 억제되었다.

또한 서비스무역(금융, 해운, 전기통신, 유통서비스 등), 지적재산권(특허권, 저작권, 상표, 의장 등)과 같이 과거 GATT 규범의 적용대상이 아니었던 새로운 분야에 대해 최혜국대우, 내국민대우 등의 원칙이 확립되었고 시장접근에 장애가 되는 새로운 규제조치의 금지, 특허침해, 위조상품 등의 방지에 관한 규정이 책정되었다.[74]

또한 WTO출범을 위해 개정된 GATT 조항 중 24조의 개정에 따라서 GATT체제에서 MFN원칙에 의해서 제약을 받았던 지역무역협정(RTA: Regional Trade Agreement, RTA에는 FTA, 관세동맹 등이 포함)이 WTO체제에서 보다 용이하게 체결될 수 있는 법적 근거를 마련하였다. 이후 FTA, 관세동맹을 포함한 지역무역협정은 폭발적으로 증가하였다.

<표 2.2.-1> 1994년 GATT 24조 개정내용[75]

1994년도 관세 및 무역에 관한 일반협정
제24조의 해석에 관한 양해

회원국들은,
1994년도 GATT 제24조의 규정을 고려하며,
1947년도 GATT 설립이후 관세동맹 및 자유무역지대가 그 수 및 중요성의 면에서 대폭 증가하였으며, 오늘날 세계무역의 상당한 부분을 차지하고 있음을 인식하고, 이러한 협정 당사자간의 더욱 긴밀한 경제의 통합이 세계무역의 확대에 기여할 수 있음을 인식하며, 관세및 그 밖의 무역에 대한 제한적 규정의 구성영토간의 철폐가 무역 전체에 적용되는 경우 이러한 기여는 증대되며, 중요한 무역분야가 제외되는 경우 동 기

---

74) 우루과이 라운드의 타결내용과 WTO체제 출범에 관련된 서술은 김완순, 한복연, 『국제경제기구론』. 1998. pp. 206-209.의 내용을 인용하였음.

여가 축소됨을 또한 인식하고, 이러한 협정의 목적은 구성영토간의 무역을 촉진하려는 것이며 다른 회원국과 동 영토와의 무역에 대한 장벽을 세우려는 것이 아니며, 또한 이러한 협정의 형성 또는 확대시 동 협정 당사자는 다른 회원국의 무역에 미치는 부정적 효과의 창출을 최대한 회피해야 함을 재확인하며, 새로운 또는 확대된 협정의 평가를 위한 기준 및 절차를 명확히하고 모든 제24조 관련 협정의 투명성을 개선함으로써 제24조에 따라 통보된 협정을 검토하는데 있어서 상품무역이사회의 역할의 효율성을 강화할 필요성을 또한 확신하고, 제24조제12항에 따른 회원국의 의무에 관한 공동의 이해가 필요함을 인식하여, 다음과 같이 합의한다.

1. 관세동맹, 자유무역지대 및 관세동맹이나 자유무역지대의 형성에 이르는 잠정협정이 제24조에 합치되기 위해서는 특히 동 조의 제5항, 제6항, 제7항 및 제8항의 규정을 충족하여야 한다.

제24조제5항

2. 관세동맹의 형성 이전과 이후에 적용되는 관세 및 그 밖의 상업적 규제의 일반적인 수준에 대한 제24조 제5항(a)에 따른 평가는 관세 및 과징금의 경우 가중평균관세율 및 관세징수액에 대한 전반적인 평가에 기초한다. 동 평가는 관세동맹에 의해 제공되는 관세항목별로 세계무역기구의 원산지국에 따라 분류된 과거 대표적 기간중의 금액별 및 수량별 수입통계에 기초한다. 사무국은 우루과이라운드 다자간 무역협상에서 관세양허의 평가시 사용된 방식에 따라 가중평균관세율 및 관세징수액을 계산한다. 동 목적상, 고려 대상이 되는 관세 및 과징금은 실행 관세율이다. 수량화 및 집계가 어려운 그 밖의 상업적 규제의 일반적인 수준에 대한 평가를 위하여 개별조치, 규정, 대상품목 및 영향을 받는 무역량에 대한 검토가 요구될 수 있음이 인정된다.
3. 제24조제5항(c)에 언급된 "합리적인 기간"은 예외적인 경우에만 10년을 초과한다. 10년이 불충분하다고 판단하는 잠정협정당사자인 회원국은 보다 장기간의 필요성에 대한 충분한 설명을 상품무역이사회에 제시한다.

제24조제6항

4. 제24조제6항은 관세동맹을 형성하는 회원국이 양허관세를 인상하고자 할 경우 따라야할 절차를 정한다. 이와 관련 회원국은 1980년 11

월 10일 채택된 지침(BISD 27S/26-28) 및 1994년도 GATT 제28조의 해석에 관한 양해에 의하여 발전된 제28조에 규정된 절차가 관세동맹의 형성 또는 관세동맹의 형성에 이르는 잠정협정 체결로 관세양허가 수정 또는 철회되기 전에 개시되어야 한다는 것을 재확인한다.

5. 이러한 협상은 상호 만족할만한 보상조정의 달성을 목적으로 선의에 입각하여 개시된다. 동 협상에서는, 제24조제6항에 요구된 바와 같이, 관세동맹 형성시 관세동맹의 다른 구성국이 동일 관세항목에 대하여 취한 관세인하를 적절히 고려한다. 이러한 인하가 필요한 보상조정을 제공하는데 불충분할 경우 관세동맹은 다른 관세항목에 대한 관세인하의 형태로 보상을 제안한다. 수정 또는 철회의 대상이 되는 양허에 대하여 협상권을 갖고 있는 회원국은 이러한 제안을 고려한다. 보상조정이 수락되지 않는 경우 협상은 계속되어야 한다. 이와 같은 노력에도 불구하고 1994년도 GATT 제28조의 해석에 관한 양해에 의해 발전된 제28조의 보상조정에 대한 협상에서의 합의가 협상개시로부터 합리적인 기간내에 이루어지지 아니하는 경우 관세동맹은 양허를 수정 또는 철회할 수 있다. 이 경우 영향을 받은 회원국은 제28조에 따라 실질적으로 동등한 양허를 철회할 수 있다.

6. 1994년도 GATT는 관세동맹의 형성 또는 관세동맹의 형성에 이르는 잠정협정의 결과로 관세인하 혜택을 누리는 회원국에 대하여 동 관세동맹의 구성국에게 보상조정을 제공할 의무를 부과하지 아니한다.

관세동맹 및 자유무역지대에 대한 검토

7. 제24조제7항(a)에 따른 모든 통보는 1994년도 GATT의 관련 규정 및 이 양해 제1항에 비추어 작업반에 의해 검토된다. 작업반은 이와 관련한 검토결과에 대한 보고서를 상품무역이사회에 통보한다. 상품무역이사회는 적절하다고 판단하는 권고를 회원국에게 행할 수 있다.

8. 잠정협정과 관련, 작업반은 자신의 보고서에서 관세동맹 또는 자유무역지대의 형성을 완료하기 위하여 필요하다고 제안된 기간 및 조치에 대하여 적절한 권고를 할 수 있다. 작업반은 필요한 경우 동 협정에 대한 추가검토를 규정할 수 있다.

9. 잠정협정의 당사자인 회원국은 동 협정에 포함된 계획 및 일정의 실질적인 변경을 상품무역이사회에 통보하며, 요청이 있는 경우 이사회는 동 변경을 검토한다.

10. 제24조제5항(c)에 반하여 제24조제7항(a)에 따라 통보된 잠정협정에 계획 및 일정이 포함되지 아니한 경우, 작업반은 자신의 보고서에서 이러한 계획 및 일정을 권고한다. 당사자는 이러한 협정을 이러한

권고에 따라 수정할 준비가 되어 있지 아니한 경우, 동 협정을 경우에 따라 유지하거나 발효시키지 아니한다. 권고의 이행에 대한 후속 검토를 위한 규정이 마련된다.

11. 1947년도 GATT 체약당사자단이 1947년도 GATT 이사회에 지역협정에 관한 보고서와 관련하여 내린 지시(BISD 18S/38)에서 예견된 바와 같이, 관세동맹과 자유무역지대 구성국은 상품무역이사회에 정기적으로 당해 협정의 운영에 관하여 보고한다. 협정의 중대한 변경 및/또는 진전사항은 이루어지는 대로 보고되어야 한다.

분쟁해결

12. 관세동맹, 자유무역지대 또는 관세동맹이나 자유무역지대의 형성에 이르는 잠정협정에 관한 제24조의 규정의 적용으로 인하여 발생하는 모든 문제에 대하여 분쟁해결양해에 의하여 발전되고 적용되는 1994년도 GATT 제22조 및 제23조의 규정이 원용될수 있다.

제24조제12항

13. 각 회원국은 1994년도 GATT에 의하여 1994년도 GATT의 모든 규정을 준수할 책임이 있으며, 각 회원국은 자기나라 영토내의 지역 및 지방정부 및 당국이 이를 준수하는 것을 보장하기 위하여 이용 가능한 합리적인 조치를 취한다.

14. 회원국 영토내의 지역 또는 지방정부 또는 당국이 취한 조치로서 준수에 영향을 미치는 조치에 대하여 분쟁해결양해에 의하여 발전되고 적용되는 1994년도 GATT 제22조 및 제23조의 규정이 원용될 수 있다. 분쟁해결기구가 1994년도 GATT의 규정이 준수되지 않았다고 판정하는 경우, 책임이 있는 회원국은 이의 준수를 보장하기 위하여 이용 가능한 합리적인 조치를 취한다. 이러한 준수를 보장하는 것이 불가능한 경우 보상 및 양해 또는 다른 의무의 정지에 관한 규정이 적용된다.

15. 각 회원국은 자기나라 영토내에서 취해진 조치로서 1994년도 GATT의 운영에 영향을 미치는 조치에 대해 다른 회원국이 제시한 입장에 대하여 호의적으로 고려하고 충분히 협의할 기회를 제공할 것을 약속한다.

---

75) 외교부. http://mcms.mofa.go.kr/webmodule/htsboard/template/read/korboardread.jsp?typeID=6&boardid=755&seqno=294179&c=&t=&pagenum=1&tableName=TYPE_DATABOARD&pc=&dc=&wc=&lu=&vu=&iu=&du=

제 3 장

다자간 무역질서의 도전

3.1. 지역무역협정(RTA)의 확대[76)

 2001년부터 협상을 진행하고 있는 도하라운드는 타결의 실마리를
전혀보이고 있지 않다. 현재 WTO회원국은 도하라운드 협상에 임
하고 있지만 어떠한 회원국도 현실적으로 도하라운드가 타결될 것
이라고 기대하지 않고 있다.

 실질적으로 WTO차원의 다자간 무역협상인 도하라운드는 실패하
였다. WTO 회원국들은 다자간 무역질서의 발전이 정체된 상황에서
자유무역을 확대하기 위해서 양자간 지역무역협정(RTA: Regional
Trade Agreement.예를 들어, FTA, 관세동맹 등)을 체결하는 것이 자
유무역을 확대하는 대안이라고 인식하게 되었다. 일례로 미국이
2011년까지 발효한 14건의 자유무역협정 중에 5건의 FTA가 도하라
운드 결렬이후에 발효되었다. 한국도 2011년까지 발효한 8건의

---

76) [3.1. 양자간 무역협정의 확대는 아래의 논문이 활용되어 재구성되었다.
　　안상욱. 「EU의 양자간 무역협정 전략변화와 한-EU FTA」.『유럽연구』 30권 2호 (2012). pp. 213-
　　240.

FTA(칠레, 싱가포르, EFTA, 아세안, 인도, EU, 페루, 미국) 중 한-칠레 FTA, 한-싱가포르 FTA를 제외한 나머지 FTA는 도하라운드 결렬이후에 발효되었다.[77]

물론 WTO체제에서 FTA의 비약적인 증가는 1994년 GATT협정의 개정 특히 24조의 개정이 이루어져 WTO의 MFN(최혜국대우)원칙에서 예외적으로 다른 교역대상국에 차별적인 양자간무역협정 체결이 용이해졌기 때문이기도 하였다.

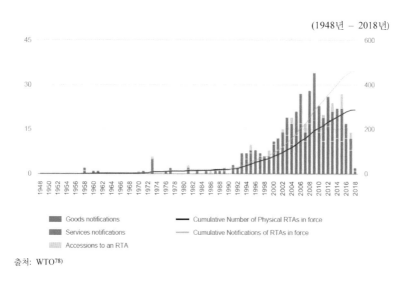

(1948년 - 2018년)

■ Goods notifications ─── Cumulative Number of Physical RTAs in force
■ Services notifications ┄┄ Cumulative Notifications of RTAs in force
▨ Accessions to an RTA

출처: WTO[78]

<그림 3.1.-1> 현재 발표 중인 RTA

<그림 3.1.-1>에서 볼 수 있듯이, RTA는 1995년 이후 확대되었다. 특히 2006년 이후 눈부시게 증가하였다.

---

77) "대한민국 정부 FTA허브," http://www.ftahub.go.kr/kr/situation/sign/01/

78) https://rtais.wto.org/UI/charts.aspx#

EU도 도하라운드의 결렬이후 적극적으로 주요 교역상대국과 양자관계의 발전에 더 큰 관심을 갖게 되었다. 특히 도하라운드가 결렬될 때까지, 동아시아 국가와 FTA협정을 체결하지 않았던 EU는 동아시아 국가와의 양자간 무역협정 체결에 적극적인 입장을 취하는 쪽으로 EU 무역정책을 전환하였다.

2006년 10월 4일, EU집행위원회는 EU의 경쟁력강화를 위한 프로그램에 무역정책을 접목시키는 새로운 전략79)을 "글로벌 유럽: 전 세계에서 경쟁하고 있는(Global Europe: Competing in the World)"이라는 보고서를 통해 제시하였다. "글로벌 유럽"보고서의 부제는 'EU의 성장과 고용전략에 대한 기여(A contribution to the EU's Growth and Jobs Strategy)'였다. 이 보고서는 다음 7단계를 EU의 미래 대외무역정책의 기조로 제시하였다.80)

① 도하라운드와 WTO를 통해 세계무역을 개방하는 것이 최선의 방식이며, 이에 대한 EU측의 약속이행 의지를 피력.

② 유익하고 동등한 동반자 관계를 만들기 위한 폭넓은 전략의 하나로 중국과 무역·투자 관계를 우선적으로 개선하도록 건의.

③ EU IPR(지적재산권: Intellectual Property Rights)을 강화.

④ 우선순위에 따라 선택된 국가와 새로운 방식의 FTA를 제안.

⑤ 개정되고 강화된 시장 접근전략에 대한 제안.

⑥ 해외 정부조달시장의 개방조치를 제안.

---

79) European Commission, *Global Europe: Competing in the World*. Communication from the Commission to the Council, the European Parliament, the European Economic and Social Committee and the Committee of the Regions, COM(2006) 567 final, Brussels, 2006.

80) "글로벌 유럽"보고서의 주요내용은 아래의 논문 인용.
안상욱. "EU의 동아시아 정책 및 무역정책 변화와 한-EU FTA," 『유럽연구』 제 28권 제 2호. 2010. p.365.

⑦ 무역구제조치의 효율성에 대한 검토 진행.

위에서 언급된 "글로벌 유럽"보고서의 7단계 미래 대외무역정책의 기조에서 볼 수 있듯이 EU는 WTO차원의 다자간 무역협상을 존중하지만, EU의 무역대상국에 FTA를 제안하고 정부조달시장 개방을 요구하는 적극적인 양자간 무역협상 전략을 구사하는 것을 적극적으로 검토하겠다고 표명하였다.

특히 다음의 보고서의 내용에서 EU는 세계무역에서 양자간 무역협상의 강화, 특히 아시아 국가와의 양자간 무역협상을 강화할 것이라는 의지를 피력하였다.

> «EU집행위원회는 유럽연합의 주요 교역국가에 일련의 양자간 자유무역협정을 제안할 것이다. 일련의 새로운 자유무역 협정은 세계무역기구의 규정을 따르며, 다자주의적인 논의가 이루어질 준비가 안돼서 발생한 현재의 문제에 해결책을 제시하고 다자주의에 입각한 무역자유화라는 향후 단계를 준비하기 위한 토대를 만들 것이다. 새로운 자유무역협정의 중요 경제적인 요건은 시장의 잠재력이 될 것이다. 특히 아시아의 신흥시장이 이에 해당한다.».[81]

<표 3.1.-1>과 <표 3.1.-2>에서 보는 바와 같이, 2011년에 한국의 입장에서 EU는 중국, 일본 다음의 제3위 교역상대국이며, 한국은 EU의 중국, 일본 다음의 제3위 아시아 교역상대국이었다. 전체 순위에서도 2007년에 한국은 2007년에 EU의 제8위, 2010년에 제9위, 2011년에 제10위의 교역상대국이었다.

---

81) 2006년 10월 4일자 EU 집행위원회 보도자료 (IP/06/1303), http://europa.eu/rapid/pressReleasesAction.do?reference=IP/06/1303&format=HTML&aged=0&language=FR&guiLanguage=fr

<표 3.1.-1> 한국의 주 교역상대국

(2011년)

순위	교역상대국	백만유로	%
	전 세계	652,462.3	100.0
1	중국	142,349.7	21.8
2	일본	69,915.1	10.7
3	EU27	69,846.8	10.7
4	미국	68,547.5	10.5
5	사우디아라비아	23,683.5	3.6
6	홍콩	20,618.5	3.2
7	호주	20,474.3	3.1
8	싱가포르	17,464.2	2.7

출처: EUROSTAT[82)]

<표 3.1.-2> EU의 주요 교역상대국

(EU 역내교역 제외, 백만 유로)

	2006년		2010년		2011년		
	순위	무역액	순위	무역액	순위	무역액	2011년 기준 자유무역 협정 현황
미국	1	444,736.0	1	412,712.1	1	444,799.0	
중국	2	258,739.9	2	395,805.8	2	428,351.9	검토중
러시아	3	213,259.1	3	246,189.5	3	306,776.6	검토중
스위스	4	159,467.6	4	188,407.1	4	212,876.9	발효
노르웨이	6	117,665.7	5	121,330.3	5	139,978.8	발효
터키	7	91,759.2	7	103,576.6	6	120,263.6	관세동맹 발효
일본	5	122,277.6	6	109,636.4	7	116,419.2	검토중
중국	9	47,008.9	8	68,024.9	8	79,739.8	검토중
브라질	12	44,973.7	10	63,933.4	9	73,504.6	Mercosur 차원 협상중
대한민국	8	63,681.0	9	67,171.8	10	68,517.8	발효
사우디 아라비아	13	41,002.5	13	39,497.2	11	54,517.7	GCC차원 협상중
캐나다	11	46,453.3	11	46,832.5	12	52,471.4	협상중
싱가포르	15	38,989.6	12	43,112.9	13	46,072.8	검토중
알제리	17	34,123.4	18	36,614.8	14	44,883.8	발효

82) "EUROSTAT 통계자료," http://trade.ec.europa.eu/doclib/docs/2006/september/tradoc_113448.pdf

남아프리카공화국	16	38,426.4	14	39,381.5	15	43,419.1	발효
호주	19	32,519.8	17	36,632.9	16	42,567.6	
아랍 에미리트	20	31,038.6	21	33,519.0	17	41,390.5	GCC차원 협상중
홍콩	18	33,797.5	16	37,639.1	18	40,321.5	
대만	14	39,935.7	15	38,911.4	19	40,160.3	
멕시코	22	29,694.4	20	34,529.3	20	40,072.8	발효

출처: 유럽연합 집행위원회 통상 총국 (DG Trade),[83] 대한민국 정부 FTA허브[84]

이와 같은 이유에서, 1994년 EU집행위원회가 보고서 "아시아에 관련한 신전략 (Toward a New Strategy for Asia)"을 출간하기 이전인 1993년에 이미, EU집행위원회 부위원장이자 무역담당 집행위원이었던 레온 브리탄 (Leon Brittan)은 한국과 양자 무역 및 경제관계를 발전시키는 것이 EU에 바람직하다고 언급하였다.

도하라운드 실패 이전까지 한국 및 동아시아 국가와의 FTA에 미온적이던 EU의 태도가 변화된 요인은 앞서 언급한 '도하라운드' 실패 이후, EU무역정책이 주요 교역대상국과 FTA를 확대하는 것으로 전환된 것 이외에 2006년 2월 3일 한미 FTA 협상이 공식적으로 개시된 것도 큰 영향을 주었다. 한미 FTA를 통해서 미국이 한국과 표준을 통일하고 ASEAN까지 표준을 확장해 북미, 남미, 아시아를 포괄하는 표준이 형성되는 것에 대해 EU는 부담을 가지고 있었고, EU는 한-EU FTA가 한국과의 무역교류 확대 뿐만아니라 미국표준이 아시아 전역으로 확산되는 것을 막을 수 있는 방법이 될 수 있다고 판단하였다.[85]

---

83) "유럽연합 집행위원회 통상 총국 (DG Trade),"http://trade.ec.europa.eu/doclib/html/122530.htm
84) "대한민국 정부 FTA허브," http://www.ftahub.go.kr/kr/situation/fta/03/index02.jsp
85) "LG경제연구원보고서,"http://www.lgeri.com/uploadFiles/ko/pdf/pub/lgeri_report_20080717_20080717085424.pdf

한국시장에 대한 접근성 문제에서 미국에 뒤지면 안 된다고 판단한 EU는 2006년 5월 16일 필리핀 마닐라에서 열린 한-EU 통상장관회담에서 먼저 한-EU FTA를 제안하였고, 2007년 5월 11일 한국과 EU는 한-EU 협상개시를 선언하였고, 2010년 10월 6일 공식체결, 2011년 7월 1일에는 잠정발효되었다. 2004년 한국이 FTA협상개시를 EU에 제의하였을 때, 파스칼 라미가 이끌던 EU집행위원회 무역담당총국(DG Trade)이 WTO차원의 도하라운드 협상에 중점을 두면서 한국과 FTA협상개시를 거부하였던 것을 감안하면 상황이 역전된 것이다.

2006년 도하라운드 결렬 이전까지 인근국가 위주로 체결되어서, FTA를 통해 지역별 거점 확보를 추구하였던 미국의 FTA전략과 대비되었던 EU의 FTA는, <표 3.1.-2>와 <표 3.1.-4>에서 볼 수 있듯이, 현재 큰 변화를 겪고 있다.

<표 3.1.-3> 2011년 미국의 주요 교역상대국

(단위: 백만달러)

	교역대상국	수입	수출	자유무역협정 현황
1	캐나다	$316,396.5	$233,773.6	NAFTA
2	중국	$398,466.8	$96,897.8	
3	멕시코	$262,671.0	$159,910.0	NAFTA
4	일본	$127,901.2	$61,408.7	
5	독일	$96,539.2	$44,240.2	
6	영국	$51,044.8	$49,984.5	
7	한국	$56,006.0	$41,311.0	발효
8	브라질	$30,367.9	$37,274.8	
9	대만	$41,213.3	$23,774.7	검토중
10	프랑스	$39,596.2	$25,360.6	
11	네덜란드	$23,117.1	$38,253.8	
12	사우디아라비아	$45,129.6	$12,822.9	

13	인도	$36,003.4	$17,670.1	
14	베네수엘라	$38,922.3	$11,182.8	
15	이탈리아	$33,160.5	$14,934.6	
16	싱가포르	$18,981.6	$28,224.1	발효
17	스위스	$24,044.2	$21,280.3	
18	아일랜드	$39,071.8	$6,189.0	
19	벨기에	$17,336.6	$25,881.3	
20	러시아	$33,609.7	$7,637.0	
21	나이지리아	$33,834.6	$4,706.2	
22	말레이시아	$25,675.7	$12,326.2	발효
23	호주	$10,172.8	$25,491.1	발효
24	콜롬비아	$22,390.9	$12,829.5	발효
25	태국	$24,686.8	$9,989.4	협상중
26	홍콩	$4,291.8	$27,520.0	
27	이스라엘	$23,022.3	$8,084.4	발효
28	인도네시아	$19,064.4	$7,237.9	
29	칠레	$9,169.8	$14,497.9	발효
30	베트남	$17,364.3	$4,153.1	검토중

출처: 미국무역대표부,[86] 대한민국 정부 FTA허브[87]

EU는 2011년 기준으로 아세안, GCC, MERCOSUR등의 지역협력체와 FTA를 협상하고 있으며, 일본, 중국과의 FTA도 검토할 정도로 양자무역 협정에서 적극적인 전략을 구사하고 있다. 동아시아 지역만을 국한시켰을 때, 미국은 TPP P4, 말레이시아, 태국과 FTA를 협상 중에 있다. 반면에 EU는 ASEAN 및 인도와 FTA를 협상하고 있다. 미국이 FTA를 검토하고 있는 동아시아 국가의 경우도, 뉴질랜드, 대만, 베트남 3개국인 반면에, EU의 경우는 베트남, 싱가포르, 일본, 중국 등의 국가와 FTA를 검토하고 있다. 특히, 경제대국인

---

86) "미국무역대표부," http://dataweb.usitc.gov/scripts/cy_m3_run.asp

87) "대한민국 정부 FTA허브," http://www.ftahub.go.kr/kr/situation/fta/03/index02.jsp

중국, 일본과의 FTA는 큰 파급효과를 가질 것으로 예상된다.

EU는 2011년 기준으로 EU의 20대 교역국 중 7개국(스위스, 노르웨이, 터키, 한국, 알제리, 남아프리카공화국, 멕시코)와 FTA또는 관세동맹을 발효하였고, 4개국과 FTA를 협상 중이고, 5개국과 FTA를 검토 중이다. 이는 EU의 FTA계획이 모두 실현될 경우 EU는 20대 교역 대상국 중, 미국, 호주, 홍콩, 대만과 제외한 모든 국가와 FTA를 체결하게 되는 것이다.

반면에 미국은, <표 3.1.-3>에서 볼 수 있듯이, 2011년 기준으로 미국의 20대 교역 상대국 중 오직 4개국과 FTA를 발효하였고, 1개국과 FTA를 검토중일뿐이었다.

<표 3.1.-4> 미국과 EU의 FTA 현황

(2010년 기준)

	기체결	협상중	검토중
미국	한국, CAFTA-DR,[88] 모로코, 바레인, 싱가포르, 오만, 요르단, 이스라엘, 칠레, 콜롬비아, 파나마, 페루, 호주	TPP P4,[89] SACU,[90] 말레이시아, 에콰도르, 태국, 아랍에미리트	뉴질랜드, 대만, 베트남, 이집트, 쿠웨이트, 파키스탄
EU	한국, CARIFORUM,[91] FYROM, Faroe Islands, 남아프리카공화국, 레바논, 멕시코, 모로코, 몬테네그로 보스니아 헤르체고비나, 세르비아, 시리아, 안도라, 알바니아, 알제리, 요르단, 이스라엘, 이집트, 칠레, 크로아티아, 터키, 튀니지, OCTs, 팔레스타인	ACP, ASEAN, CA,[92] CAN,[93] GCC,[94] MERCOSUR,[95] 리비아, 에콰도르, 우크라이나, 인도, 캐나다, 콜롬비아, 페루	그루지야, 러시아, 말레이시아, 몰도바, 베트남, 벨라루스, 싱가포르, 이라크, 아르메니아, 이란, 아제르바이잔, 일본, 카자흐스탄, 코소보, 중국, 파키스탄

출처: 대한민국 정부 FTA허브[96]

---

88) 코스타리카, 도미니카공화국, 엘살바도르, 과테말라, 온두라스, 니카라과

89) 싱가포르, 뉴질랜드, 칠레, 브루나이를 지칭한 TPP P4 중 싱가포르와는 이미 FTA 체결.

90) 남아프리카공화국, 레소토, 스와질란드, 보츠와나, 나미비아

91) 안티구아, 바하마, 바베이도스, 벨리즈, 도미니카 연방, 도미니카 공화국, 그레나다, 가이아나, 아이티, 자메이카, 세인트키츠네비스, 세인트 루시아, 세인트빈센트그레나딘, 수리남 공화국, 트리니다드토바고

따라서 향후 EU는 미국에 비해서 전 세계 차원에서 FTA의 거점을 보다 많이 확보하고, 주요 교역대상국과 FTA를 거의 모두 체결한 양자간 무역협정의 허브로 부상할 것으로 예상된다.

3.2. 트럼프 대통령 취임과 보호무역주의의 확산

2017년 1월 20일 트럼프 미국 대통령 취임 이후 미국발 보호무역주의는 전 세계로 확산되고 있다.

트럼프 미국 대통령은 대통령선거 당시 공약대로 취임 후 얼마 되지 않은 2017년 1월 23일 환태평양경제동반자협정(TPP: Trans-Pacific Partnership) 탈퇴를 공식으로 선언했다. TPP는 2016년 2월 4일 체결된 미국과 일본, 싱가포르 등 아시아·태평양 지역 12개국이 참여한 다자간 자유무역협정이다. 오바마 전 대통령은 TPP를 아·태 지역에서 영향력을 확대하는 중국을 견제하기 위해 야심 차게 추진했다. 2016년 9월 아세안 정상회의 연설에서 오마바 전 대통령은 "TPP는 '아시아 중시 정책(Pivot to Asia)'의 핵심"이라며 TPP에 차질이 생길경우 미국의 지도력에 대한 의문이 커질 것이라고 언급하였다.[97]

---

92) 코스타리카, 엘살바도르, 과테말라, 온두라스, 니카라과, 파나마

93) 안데스공동체: 볼리비아, 콜롬비아, 에콰도르, 페루

94) 사우디아라비아, 아랍에미리트, 쿠웨이트, 카타르, 오만, 바레인

95) 브라질, 아르헨티나, 우루과이, 파라과이, 베네수엘라

96) "대한민국 정부 FTA허브," http://www.ftahub.go.kr/kr/situation/fta/03/index02.jsp (2012년 6월 1일 검색)

출처: Canadian Press[98]

<그림 3.2.-1> TPP 서명 당시 가입국

트럼프 대통령의 보호무역 행보는 취임식이 있었던 2017년 1월 20일 백악관 홈페이지에서도 나타났다. 트럼프 행정부는 백악관 홈페이지를 통해 ① '미국 우선 에너지 계획(America First Energy Plan)' ② 일자리 복원과 경제성장(Bringing Back Jobs And Growth) ③강한 미군의 재건(Making Our Military Strong Again) ④미국 우선 외교정책(America First Foreign Policy) ⑤법질서 사회의 회복(Standing Up For Our Law Enforcement Community) ⑥모든 미국인을 위한 무역협정(Trade Deals Working For All Americans) 등 '위대한 미국' 건설을 위해 주력할 6대 국정과제의 기본 구상을 밝혔다.[99]

---

97) Huffingtonpost. "도널드 트럼프가 TPP 탈퇴를 공식 선언하며 '미국 우선주의'의 시대를 알리다". (2017년 1월 24일 기사) https://www.huffingtonpost.kr/2017/01/24/story_n_14349394.html

98) Canadian Press https://www.thepostmillennial.com/canadas-decision-decline-tpp-agreement-shouldnt-surprise-trudeau/

트럼프 행정부는 북미자유무역협정(NAFTA: The North American Free Trade Agreement) 재협상에서도 의욕을 보였다. 결국 미국과 멕시코는 2017년 8월 27일 북미자유무역협정(NAFTA) 개정을 위한 양자 협상을 타결했다. NAFTA의 또 다른 회원국인 캐나다는 두 나라가 도출한 개정안에 합의해야 한다는 압박을 받게 되었다.[100]

제조업을 미국으로 복귀시키고 교역상대국과의 불공정한 무역을 바로 잡는다는 구실 아래 트럼프 행정부의 보호무역 조치는 전 세계를 상대로 확대되고 있다.

트럼프 대통령은 취임사에서 밝힌 그대로 충실하게 '아메리카 퍼스트'와 보호무역주의 정책을 밀어붙이고 있다. 2018년 3월 8일에는 수입산 철강과 알루미늄 제품에 대해 각각 25%, 10% 관세를 부과하는 포고령에 서명을 했다.

또한 미국과 중국의 무역전쟁은 격화하고 있다. 도널드 트럼프 미국 대통령은 중국산 수입품에 대해 연간 600억 달러(약 65조원) 규모의 관세 부과를 골자로 하는 '중국의 경제 침략을 겨냥한 대통령 각서(Memorandum Targeting China's Economic Aggression)'에 2018년 3월 22일에 서명하였다.

미국의 중국 수출은 1400억 달러 규모이다. 미국의 對중국 무역적자는 2017년 기준으로 3752억 달러로 전체 미국 무역적자 5660억 달러의 약 절반을 차지하고 있다. 트럼프 대통령은 중국이 자국 시장은 미국 기업에 제대로 개방하지 않으면서 미국과의 무역에서 일방적으로 혜택만 얻어가고 있다고 판단하고 있다. 트럼프 대통령은

---

99) 뉴시스. "트럼프는 왜 중국에 무역전쟁을 선포했나". (2018년 3월 26일 기사) http://www.newsis.com/view/?id=NISX20180323_0000261327

100) Huffingtonpost. "미국이 캐나다를 빼고 멕시코와 'NAFTA 개정' 협상을 타결했다". (2018년 8월 28일 기사) https://www.huffingtonpost.kr/entry/story_kr_5b8490ffe4b0cf7b002e4d27

미국과 중국의 무역관계가 공정하지 않다고 주장한다.

트럼프 행정부의 스티브 므누신 재무부 장관 역시 2018년 3월 22일 성명에서 "중국의 차별적이고 불공정한 무역 및 투자 관행은 정면으로 미국을 겨냥하고 있다. 또한 미국에 해를 끼치고 있다. 중국은 나쁜 관행을 통해 미국 기업들이 보유한 지적재산권과 첨단 기술을 획득하려 하고 있다."고 주장하였다. 또한 므누신 장관은 "중국기업의 미국기업 보유 지적재산권과 첨단기술 획득이 중국 정부의 주도아래 치밀하게 이루어지고 있다. 중국정부는 미국 기업들을 압박하기 위해 각종 비이성적인 요구와 규제를 내놓고 있다. 중국은 사이버 공간을 이용해서 미국에 침투를 하고 있다"고 비난하였다. 그리고 므누신 장관은 "우리는 자유롭고, 공정하고, 호혜적인 무역관계를 지지한다. 미국은 가장 큰 소비시장이다. 또한 가장 관대한 무역조건을 제공하고 있다. 우리는 이제 그 대가로 보다 나은, 보다 균형 잡힌 무역을 필요로 하고 있다."라고 덧붙였다.[101]

이와 같이 트럼프 행정부에서 미국의 對중국 통상압박은 더욱 거세질 것으로 예상된다. 그리고 미국의 동맹국들 역시 과거에 비해 더욱 거센 미국의 통상압박에 직면할 것으로 예상된다. 이러한 상황에서 보호무역주의가 전 세계로 확산되면 세계는 대공황 이후 보호무역주의가 미국에서 전 세계로 확산된 상황을 되풀이하게 될 가능성이 있다.

---

101) 뉴시스. "트럼프는 왜 중국에 무역전쟁을 선포했나". (2018년 3월 26일 기사) http://www.newsis.com/view/?id=NISX20180323_0000261327

제 4 장

세계무역의 발전

4.1. 역사 속의 세계무역 발전사례

세계화가 본격적으로 시작되기 이전에 세계무역은 역사 속에서 지속적으로 발전하였다. 대표적인 사례가 실크로드이다.

실크로드는 석기시대 민족이동로였던 '초원길' 그리고 기원전 139년 중국 한(漢) 무제가 군사동맹을 맺으려 서역에 장건(張騫)을 보내 개척한 '사막길', 그리고 '바닷길'로 나뉜다. 특히 '사막길'은 중국 시안(장안)에서 시작해 로마제국에 이르는 무역로로 발전되었다.

실크로드를 통해서 비단 뿐만아니라 중국의 도자기, 종이, 화약, 나침반이 유럽으로 전파되었다.

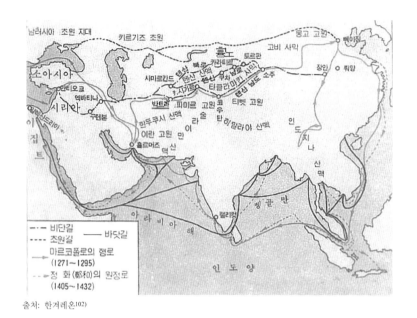

출처: 한겨레온102)

<그림 4.1.-1> 실크로드

   중국에서 유럽으로 전해진 도자기를 모방한 유럽은 유럽의 도자
기 산업이 발전되는 계기를 만들었다. 또한 종이의 전파는 유럽의
인쇄술 발전과 맞물려 유럽에서 지식의 대중 확산이 이루어지는데
기여하였다. 또한 화약의 전파는 중세시대 기사를 활용한 전술이 무
력화되어 유럽에서 기사계급 중심의 봉건사회가 붕괴되고 근대사회
로 진전되는데 기여하였다. 또한 나침반의 유럽 전파는 나침반을 활
용하여 유럽인들이 대항해시대를 열어서 전 세계로 진출하는데 기
여를 하였다.

---

102) 한겨레온. "실크로드는 단순히 '길'이 아니라 인류 역사 자체" (2014년 12월 14일 기사)
     http://www.hanion.co.kr/news/articleView.html?idxno=259

정화(鄭和) 1371년 출생-1433년 사망 이슬람교 출신 명나라 환관 중국 난징에서 아프리카에 이르는 '바닷길' 원정	마르코폴로 (Marco Polo) 1254년 출생-1324년 사망 이탈리아 베네치아 상인 1271년 중국으로 출발하여 1292년 이탈리아 귀환 『동방견문록』 저술

출처: BBC[103] / National Geographic

<그림 4.1.-2> 정화와 마르코 폴로

실크로드를 통해서 유럽과 중국을 연결한 상인의 대표적인 사례는 마르코 폴로이다. 마르코 폴로는 이탈리아 베네치아 상인으로 1271년 중국으로 출발하여 중국에서 17년간 체류 후 1292년 이탈리아 귀환하였다. 이탈리아 귀환이후 『동방견문록』 저술하여 유럽사회에서 중국에 대한 지적 호기심을 증대하였다.

---

103) BBC. "Zheng He: Symbol of China's 'peaceful rise'". (2010년 7월 28일) https://www.bbc.com/news/world-asia-pacific-10767321

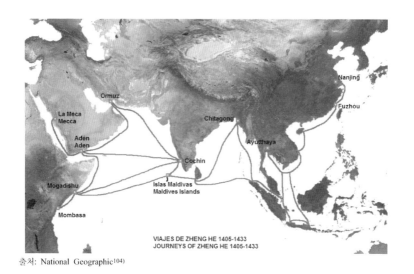

<그림 4.1.-3> 정화의 원정길

또한 이슬람교 출신 명나라 환관이었던 정화(鄭和)는 중국 난징에서 아프리카에 이르는 '바닷길' 무역로를 원정하였다. 정화의 남해(南海: 현재의 남중국해) 원정은 1405년부터 1433년되었다. 명나라 황제 영락제의 명령에 따라 1차 원정(1405년-1407년), 2차 원정(1407년-1409년), 3차 원정 (1409년-1411년), 4차 원정 (1413년-1415년), 5차 원정 (1417년-1419년), 6차 원정 (1421년-1422년)을 다녀왔고, 영락제 사후에는 영락제의 손자 선덕제(宣德帝)의 명령으로 7차 원정 (1431년-1433년)을 다녀왔다.

그러나 정화의 사후 명나라는 다시 쇄국정책으로 전환하여 이후 해상원정은 더 이상 이루어지지 않았다. 명나라 성화제(成化帝) 때 다시 대항해에 대한 주장이 제기되었지만 해상원정에 필요한 막대

104) National Geographic. "Zheng He Returns from Treasure Voyage". https://www.nationalgeographic. org/thisday/jul6/zheng-he-returns-treasure-voyage/

한 비용과 유교적 성격을 지닌 관료의 반대로 실현되지 못하였다.

정화의 원정 이후 중국은 해금정책을 실시하여 중국이 개척했던 무역로는 이후 유럽인의 주도로 개척되었다.

1492년에 스페인에서 출발하여 아메리카 대륙에 도착한 콜롬버스는 이탈리아 제노바 출신의 탐험가였다. 콜럼버스는 스페인 이사벨 여왕의 선박과 선원 지원을 받았다. 그러나 지원 결정이후 실제 항해까지 6년의 시간이 소요되었는데, 서쪽으로 가면 지구가 원형이어서 인도에 더 빨리 도달할 수 있다고 주장한 콜럼버스를 당시로서는 신뢰하기 힘들었기 때문이었다.

콜럼버스	마젤란

출처: VOA / history.com[105]

<그림 4.1.-4> 콜럼버스와 마젤란

1차 항해는 1492년 8월 3일에 출발하여 10월 12일에 현재의 바하마 제도에 도착하였다. 그리고 현재의 아이티에 도착해서, 이곳을 인도라고 생각한 콜럼버스는 이곳 원주민을 인디언이라고 불렀다. 1차 항해(1492년-1493년) 후 콜럼버스가 유럽으로 돌아가자 콜럼버

---

105) https://www.voanews.com/a/native-americans-columbus-day-/4046601.html
https://www.history.com/topics/exploration/ferdinand-magellan

스가 아메리카 대륙에서 가져온 금제품이 큰 반향을 일으켰고 아메리카 대륙에 금을 채굴하러 가는 사람들이 콜럼버스의 2차 항해(1493년-1496년)에 대거 합류하게 되었다. 그리고 3차 항해(1498년-1500년)과 4차 항해(1502년-1504년)을 통해서 아메리카 대륙과 유럽을 잇는 항해를 계속하였다.

콜럼버스 이후 스페인의 계속된 아메리카 대륙 진출과정에서 코르테스와 피사로는 아즈텍문명과 잉카문명을 파괴하였다. 스페인의 아메리카 대륙 교역시스템은 포르투갈이나 훗날 영국, 프랑스, 네덜란드와 비교해서 정교하지 않았다.

스페인의 아메리카 대륙 식민통치는 식민지에서 금이나 은 등의 귀금속을 수탈하는데 초점이 맞추어 있었다. 이러한 방식의 아메리카 대륙과 무역경영 때문에 스페인에는 무역 네트워크를 구축하는데는 훗날 다른 식민 열강에 비해 뒤쳐질 수밖에 없었다.

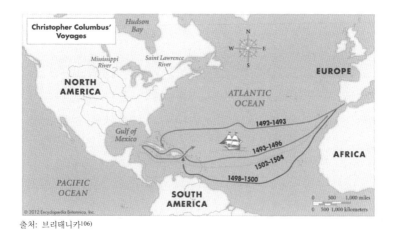

출처: 브리태니카[106)

<그림 4.1.-5> 콜럼버스 항해로

---

106) https://kids.britannica.com/kids/assembly/view/88703

포르투갈의 마젤란 역시 당시를 대표하는 항해가였다. 마젤란은 역사상 처음으로 대서양과 태평양을 모두 횡단하였다. 마젤란은 스페인 국왕 카를로스 1세의 지원으로 5척의 배와 선원을 확보하고 1519년 대서양을 남하하여 현재의 리우데자네이루에 도착하였다. 그리고 남아메리카 탐험 도중 스페인 출신 선장의 반란에 직면하여 위기를 겪었는데 반란을 진압하고 남아메리카 대륙 남단에 도착하였다. 남극과 가장 가까운 남아메리카 대륙의 남단의 해협은 항해하기 쉽지 않은 여건이었고, 마젤란의 선단의 배들 중 한 척은 파손되고 한 척은 도망을 갔다. 남아메리카 남단의 이 해협은 훗날 마젤란해협으로 명명되었다. 그리고 마젤란 선단은 해협을 통과하여 잔잔한 바다를 마주하였고, 이 바다를 태평양(Pacific Ocean)이라고 이름 지었다.

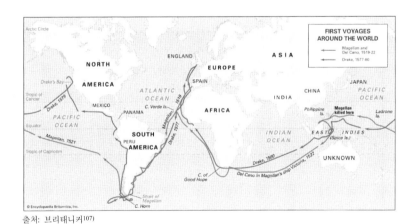

출처: 브리태니커[107)]

<그림 4.1.-6> 마젤란 항해로

---

107) https://kids.britannica.com/kids/article/Ferdinand-Magellan/353407/252938-toc

마젤란 선단은 서쪽으로 계속 항해하였고 태평양을 횡단하여 1521년 현재의 괌에 도착하였다. 그리고 계속 항해를 이어나가 필리핀에 도착하였다. 그리고 마젤란은 처음에 세부섬에 상륙하여 이곳의 원주민들을 카톨릭으로 개종시켰다. 그리고 여세를 몰아서 막탄섬을 갔으나 이곳에서는 원주민의 격렬한 저항에 부딪혀 마젤란은 전사하였다.

마젤란 사후에도 남은 배들은 동쪽으로 항해를 지속했지만 스페인과 경쟁관계에 있는 포르투갈 세력권에 있었던 남은 항로에서 보급이 제대로 이루어지지 않아 사상자가 엄청나게 많이 발생하여, 출발할 때 떠난 배 한 척과 선원 18명만이 귀환하였다. 그러나 마젤란 선단의 항해를 통해 확보된 지식은 훗날 유럽의 전 세계 팽창에 밑거름이 되었다.

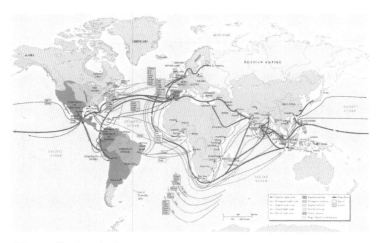

출처: www.silkroadencyclopedia.com

<그림 4.1.-7> 서유럽 국가들의 해상무역

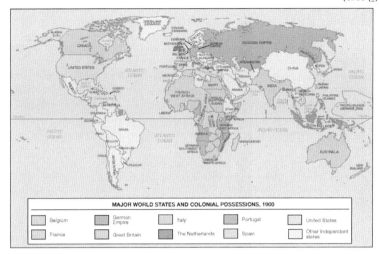

World Colonial Holdings, ca. 1914. The European powers, great and small, competed with each other for world empires and world influence by 1900.

<그림 4.1.-8> 제국주의 시기의 식민지 현황

이후 유럽의 세계 팽창이 가속화되는 가운데 전 세계 대부분의 유럽의 직·간접적인 영향권에 들어가게 되었다. 그리고 이 과정에서 전 세계는 자의로 혹은 타의로 유럽 주도의 자본주의 질서에 편입되게 되었다.

1900년의 지도를 보면 이미 스페인과 포르투갈의 통치에서 독립한 라틴아메리카를 제외하고 아프리카 대륙과 아시아 대륙의 대부분이 유럽의 식민지가 되었다.

이 시기에 전 세계에 뿌리 내린 유럽식 법률체계와 자본주의 세계질서는 현재도 세계질서를 이루는 근간이 되었다. 이와 같이 역사 속에서도 세계무역의 발전이 꾸준히 이루어졌지만, 세계무역의 혜택이 일반대중의 일상생활에 큰 영향을 미치지는 못하였다. 불과 1900 년만 해도 한반도에서 해외무역이 없이도 자급자족하는 생활이 가능했지만, 오늘날은 해외와의 교역없이는 우리의 일상생활을 영위하는 것이 불가능하다. 이는 다른 국가에도 비슷한 상황이었다.

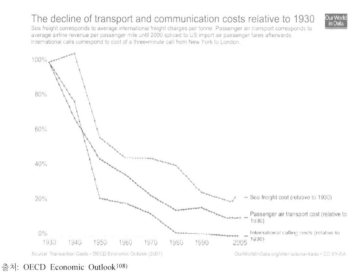

The decline of transport and communication costs relative to 1930
Sea freight corresponds to average international freight charges per tonne. Passenger air transport corresponds to average airline revenue per passenger mile until 2000 spliced to US import air passenger fares afterwards. International calls correspond to cost of a three-minute call from New York to London.

출처: OECD Economic Outlook[108]

<그림 4.1.-9> 1930년 대비 운송비용과 통신비용의 감소

　그렇다면 앞서 논의한 제 2차 세계대전 이후 다자간 무역체제의 형성과 관세장벽의 축소 이외에 세계무역 발전에 기여한 것은 무엇인가? 이에 대한 가장 확실한 대답 중 하나는 기술의 진보에 따라서 운송비용과 통신비용이 하락한 것이다. <그림 4.1.-9>에서 보는 바와 같이 운송비용과 통신비용은 큰 폭으로 축소되었다. 이를 통해서 국제무역에 소요되는 비용이 크게 절감되었다.

---

108) https://ourworldindata.org/grapher/real-transport-and-communication-costs 재인용

세계 최초 컨테이너선 Ideal-X (1956)	세계 최대 컨테이너선 OOCL Hong Kong
35feet 컨테이너 58개	운송능력 21,413 TEU[109] Guinness World Records 보유

출처: transportgeography/maritime executive[110]

<그림 4.1.-10> 세계 최초의 컨테이너선과 세계 최대의 컨테이너선

세계 최초의 컨테이너선인 Ideal-X는 1956년 4월 26일 미국 뉴저
지주의 뉴어크(Newark) 항구를 떠나서 5일 뒤에 텍사스 휴스턴에
도착하였다. 이는 세계 최초의 컨테이너선 항해였다. 당시 Ideal-X가
수송한 컨테이너는 58개의 35피트(폭 8피트, 높이 8피트, 길이 35피
트) 컨테이너였다. 이후 컨터이너선의 크기는 놀라울 정도로 대형화
되었다. 2018년 현재 세계 최대의 컨테이너선은 2016년 12월 삼성
중공업 거제 조선소에서 진수되어 2017년 5월에 인도된 OOCL
Hong Kong이다. 이 배는 21,413 TEU의 운송능력을 갖고 있는데
이는 1TEU(20피트, 높이 8피트, 폭 8피트) 컨테이너 21,413개를 수
송할 수 있음을 의미한다.

---

109) TEU의 뜻은 'Twenty-foot Equivalent Units'. 즉, 20피트 컨테이너 한 개를 의미. 1TEU의 정확
한 크기는 길이 20피트, 높이 8피트, 폭 8피트. 예를 들어 7,000TEU 급 컨테이너선이라고 한다
면 1TEU 컨테이너 7,000개를 적재 할 수 있다는 의미.

110) https://transportgeography.org/?page_id=1323
https://www.maritime-executive.com/article/oocl-hong-kong-achieves-guinness-world-record

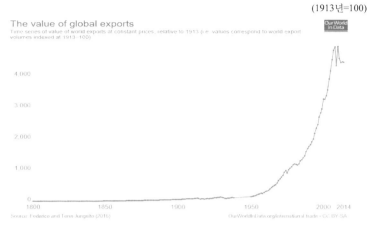

출처: ourworldindata.org[111)]

<그림 4.1.-11> 전 세계 수출액

1959년과 2016년의 50년의 기간 동안에 선박기술은 놀라울 정도
로 발전하였다. 이와 같은 선박의 대형화는 선박운송비용의 획기적
인 감소로 이어지게 되었다.

이와 같은 운송비용 및 통신비용 감소에 힘입어 전 세계 무역은
제 2차 세계대전 이후 매우 빠른 속도로 증가하였다.

4.2. 전 세계적 생산체제 확립

미국의 트럼프 대통령은 애플의 아이폰과 중국에서 제품을 생산
하는 미국 기업들에 대해 핵심 IT 기술을 중국에 넘겨주고 있다며

비난하고 있지만 여기에는 고려해야 할 상황이 많다. 이미 전 세계 제품의 생산은 고도로 세계화되어있다.

아이폰7S를 예로 들면, 제품에 내장된 카메라는 일본에서 생산되고, 메모리칩은 한국 제품이다. 전력 제어를 위한 칩은 영국에서 조달되고, 무선 서킷은 대만에서 생산된다. 유저 인터페이스 프로세서는 네덜란드에서, 그리고 무선 주파수 트랜스시버는 미국에서 제작된다.

트럼프 대통령의 주장대로 중국의 조립 라인을 미국으로 옮길 경우 스마트폰 1대 당 2시간이 걸린다는 점을 감안하면, 6000만대의 미국 판매 물량을 소화해내기 위해서는 1억2000만 시간의 작업이 요구되고 이를 위해 필요한 근로자는 6만명 규모이다. 그러나 미국 내에서는 이와 같은 대규모의 단순 노동인력을 확보할 수가 없다. 단적인 사례가 지난 2013년 모토로라 모빌리티가 스마트폰 모토X를 미국에서 생산하기로 결정했지만 필요한 인력을 구하지 못해 결국 이듬해 다른 국가로 아웃소싱을 해야 했다. 애플 역시 텍사스의 맥 프로 생산 라인에서 같은 문제로 곤욕을 치른 바 있다.

게다가 글로벌 가치사슬(GVC: Global Value Chain)로 연결된 전 세계 생산망에서 동떨어져서 각종 부품을 미국으로 운송하면 추가 비용이 발생하여, 하버드 비즈니스스쿨의 윌리 시 연구원에 따르면, 449달러에 판매되는 아이폰의 가격이 1099달러까지 치솟을 것이라고 예측되고 있다.[112]

---

112) 뉴스핌. "'아이폰 경제학' 애플 미국에서 생산 못하는 이유" (2018년 9월 21일 기사)
　　 http://www.newspim.com/news/view/20180921000035

(%, 2008년 2월-2013년 2월)

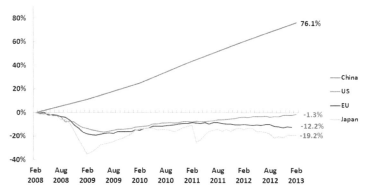

출처: US Federal Reserve, China Trading Economics, EU Eurostat, Japan Ministry of Economy Trade & Industry[113]

<그림 4.2.-1> 산업생산 지수

　비단 아이폰에만 이와 같은 생산의 세계화 문제가 국한되지 않는다. 중국에 수출되는 대부분의 한국제품은 반제품 형태로 중국에 수출되어 중국기업 또는 중국 내 다국적기업 또는 중국 내 한국기업 공장에서 완제품 생산에 활용된다. 심지어 해외로 수출되는 오리온 초코파이도 중국공장에서 생산되고 있다. 이와 같은 상황에 힘입어 중국 내 산업생산은 2008년과 2013년 사이에 76.1% 증가하였다.

---

113) http://ablog.typepad.com/.a/6a00e554717cc98833017d42eb7670970c-pi 재인용

Top 15 Manufacturing Countries
Top 15 manufacturers by share of global nominal manufacturing gross value added

Rank	1980	1990	2000	2010	2015
1	United States	United States	United States	China	China
2	Germany	Japan	Japan	United States	United States
3	Japan	Germany	Germany	Japan	Japan
4	UK	Italy	China	Germany	Germany
5	France	UK	UK	South Korea	South Korea
6	Italy	France	Italy	Italy	India
7	China	China	France	Brazil	Italy
8	Brazil	Brazil	South Korea	India	UK
9	Spain	Spain	Canada	France	France
10	Canada	Canada	Mexico	UK	Mexico
11	Mexico	South Korea	Spain	Russia	Canada
12	Australia	Mexico	Brazil	Spain	Brazil
13	Netherlands	Turkey	Taiwan	Mexico	Indonesia
14	Argentina	India	India	Canada	Russia
15	India	Taiwan	Turkey	Indonesia	Spain

Source: Mc Kinsey Global Institute, WDI, TEPAV calculations
출처: Hurriyet Daily News[114]

<그림 4.2.-2> 세계 15대 제조업 국가

세계 제조업 총 부가가치에서 차지하는 비중을 기준으로 중국은 1980년 세계 7위의 제조업 국가였다. 그러나 2000년에는 세계 4위, 2010년 부터는 세계 1위의 제조업 국가로 부상하였다.

인도의 경우도 1980년 세계 15위의 제조업 국가였지만, 1990년에는 세계 14위, 2010년에는 세계 8위, 2015년에는 세계 6위의 제조업국가로 부상하였다.

---

114) Hurriyet Daily News.http://www.hurriyetdailynews.com/opinion/guven-sak/turkey-needs-more-global-value-chains-127822

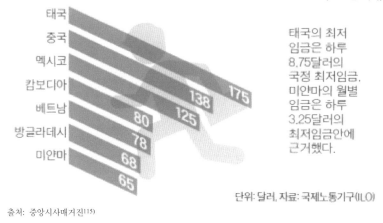

태국의 최저
임금은 하루
8.75달러의
국정 최저임금.
미얀마의 월별
임금은 하루
3.25달러의
최저임금안에
근거했다.

단위: 달러, 자료: 국제노동기구(ILO)

출처: 중앙시사매거진115)

<그림 4.2.-3> 동남아시아 주요국 인건비

1980년대 초까지도 한국의 부산은 세계 신발산업의 메카였고, 다국적기업의 신발을 OEM형태로 생산하여 납품하였다. 그러나 한국의 인건비 상승으로 한국의 신발산업은 위축되었고, 이후 중국을 거쳐 현재는 동남아시아에서 다국적기업의 신발생산을 담당하고 있다. 이러한 과정에서 보다 더 저임금 상태인 국가를 찾아서 생산공장이 이전되면서 부작용 역시 발생하고 있다.

대표적인 사례가 2013년 방글라데시 라나플라자 의류공장 붕괴사고이다.

---

115) 중앙시사매거진. "[美·유럽 의류회사 진출 느는 미얀마의 최저임금안 논란] 하루 3.25달러면 공장 문 닫는다고?" (2015년 8월 10일 기사) https://jmagazine.joins.com/economist/view/307636

출처: 경향신문

<그림 4.2.-4> 2013년 방글라데시 라나플라자 의류공장 붕괴사고

2013년 4월24일 방글라데시 수도 다카 외곽 사바르의 8층짜리 의류공장 라나플라자 건물이 붕괴하면서 최소 1136명의 사망자와 2500명의 부상자가 발생하였다. 이 사건으로 H&M, 베네통 등 글로벌 의류브랜드가 방글라데시로부터 싼 값에 옷을 공급받아온 사실이 드러나면서 현지 노동자의 처우를 개선하고 글로벌 기업이 책임을 다해야 한다는 주장이 제기되었다. 방글라데시는 중국에 이어 세계에서 두 번째로 큰 의류제품 생산지다. 당시 방글라데시의 연간 의류 수출액은 280억 달러였는데, 이는 방글라데시의 무역규모를 감안하면 상당한 비중을 차지하는 것이다. 라나플라자 참사 이후 국내 시위와 국제사회의 압박이 계속되면서 최저임금이 인상되고 작업장 안전관리가 강화되었지만 근본적인 해결책은 없다. 2016년 기

준으로 방글라데시 의류공장 노동자의 최저임금은 월급기준으로 약 68달러였는데, 이는 중국 노동자의 월급 약 280달러와 비교하면 4분의 1수준이다. 그리고 더욱 큰 문제는 방글라데시의 인건비가 가파르게 상승할 경우 의류제룸 생산공장이 인건비가 더욱 저렴한 미얀마 등지로 이전될 수 있다는 것이다. 생산이 세계화하는 가운데 큰 기술이 없는 제품의 생산은 저임국국가로 이전될 수 밖에 없기 때문이다.116)

이와 같은 상황은 선박과 자동차 산업 분야에서도 발생하고 있다. 유럽, 일본, 미국 등 선진국에서의 생산은 개발도상국으로 지속적으로 이전되었다. 그 결과 선박의 경우 유럽에서 일본과 한국을 거쳐 현재는 중국이 선박생산의 중심으로 부상하였다.

자동차 산업의 경우도 미국, 유럽에서의 생산은 축소되고 개발도상국에서 자동차 생산은 획기적으로 증가하였다.

산업생산이 선진국에서 개발도상국으로 이루어지는 주요 요인 중하나는 인건비 문제이다. 개발도상국의 저렴한 인건비를 선진국의 시각에서 노동착취라고 규정하지만, 이들 국가의 경제상황을 감안하면 이와 같은 상황을 노동착취로만 규정하기는 힘들다.

---

116) 경향신문. "방글라데시 '라나플라자' 의류공장 붕괴사고, 3년만에 책임자들 기소". (2016년 7월 19일) http://news.khan.co.kr/kh_news/khan_art_view.html?art_id=201607191748001#csidxdd53627a95f032fa5a3a46af48da3b4 http://news.khan.co.kr/kh_news/khan_art_view.html?art_id=201607191748001#csidx96667e30e20e4ab956004bd799ea8be

| 미국 잡지 "라이프(Life)"에 보도되었던 파키스탄의 아동착취 노동 사진 | 다국적기업 공장 보다 훨씬 더 심각한 아동노동의 현실 |

출처: 비즈한국 / Wordpress.com[117)]

<그림 4.2.-5> 개발도상국의 아동노동

1996년 라이프지 6월호에 <그림 4.2.-5>의 왼쪽에 있는 한 장의 사진이 실렸다. 이 사진에서 파키스탄 어린이가 나이키 축구공을 만들고 있는데, 이 사진으로 선진국의 소비자들은 경악하였다. 어린이가 학교에도 못가고 축구공을 만드는 사진을 본 선진국의 시민단체와 소비자들은 나이키에 항의했고 불매운동을 시작했다. 그런데 이와 같이 불매운동을 부추긴 선진국 시민단체와 소비자들은 간과한 측면이 있다. 나이키에서의 아동노동 환경이 <그림 4.2.-5>의 오른편에 제시된 것과 같은 파키스탄의 다른 아동의 노동환경에 비해서 그나마 월등하게 좋았다는 점이다. [윌리엄 맥어스킬 (전미영 역).『냉정한 이타주의자: 세상을 바꾸는 건 열정이 아닌 냉정이다』, 2017]에 따르면, 선진국의 시민단체나 소비자들에 의해 노동착취 공

---

117) 비즈한국. "[홍춘욱 경제팩트] 차라리 노동착취 공장 제품을 사라? 나이키 불매운동이 아동노동을 근절하지 못한 이유". (2017년 3월 27일) http://www.bizhankook.com/bk/article/12987 https://pakistanisforpeace.wordpress.com/2010/06/13/1345/

장으로 규정된 다국적기업의 하청공장이 문을 닫으면 여기서 일하는 노동자들은 더욱 열악한 노동환경에 시달리게 된다. 공장일을 그만두게 되면 저임금 중노동에 시달리는 농장 일꾼, 넝마주이 등 더 형편 없는 일자리에서 일하거나 실직자가 되는 경우 대부분이다. 그리고 선진국의 시민단체나 소비자들의 시각과 달리 노동착취 공장으로 규정된 공장들이 오히려 개발도상국에서는 상대적으로 좋은 일자리이며, 여기서 일하는 노동자들이 자발적으로 선택한 공장이라는 사실이다.

[윌리엄 맥어스킬 (전미영 역). 『냉정한 이타주의자: 세상을 바꾸는 건 열정이 아닌 냉정이다』, 2017]에 따르면, 1993년 아이오와주 상원의원 톰 하킨은 아동 착취 제품의 수입을 금지하는 내용을 담은 '아동노동억제법'을 발의했는데, 이런 행동은 뜻밖의 결과를 낳았다. 톰 하킨 의원이 '아동노동억제법'을 발의할 당시, 방글라데시에는 수많은 아동이 기성복 제조 공장에 고용돼 있었다. 법안 통과를 우려한 공장 측에서 무려 5만 명에 달하는 아동 노동자들을 발 빠르게 해고했는데, 해고된 아동들은 학교로 돌아가거나 더 좋은 일자리를 찾아 떠난 것이 아니었다. 유니세프 조사 결과 해고당한 미성년 의류 노동자 다수가 생존을 위한 궁여지책으로 길거리 사기단, 성매매 등에 내몰린 사례까지 있었다.

따라서 선진국 시각으로 무조건 개발도상국의 아동노동을 비난하며 불매운동을 하는 것은 예기하지 않은 더욱 무서운 결과를 초래할 수 있다.

4.3. 산업의 자유화: 항공산업사례[118]

세계화의 중요한 현상 중 하나는 국가 간의 장벽이 허물어지는 자유화(Libersalization)이다.

국가 간의 장벽이 급속하게 허물어지고 있는 사례 중 하나로 항공산업의 사례를 들 수 있다.

항공시장은 원래 국가 간 제약이 많은 시장이었다. 항공사 설립 및 노선운영이 다른 교통수단에 비해서 정부의 규제를 많이 받고 있다. 특히 국제선의 경우, 정부 간의 협약에 의해서 노선 취항 항공사가 규제된 경우가 많다. 일반적으로 취항노선에 각국 별 하나의 항공사 또는 각국 별로 동수의 항공사가 지정된 경우가 많다. 이 경우 신규항공사 혹은 저가항공사(LCC: Low Cost Carrier)는 국제선에 취항하는데 제약을 많이 받을 수밖에 없었다. 이러한 상황에서 국제선 항공시장은 과점의 형태로 운영되어 소비자의 부담으로 돌아오게 되었다.

EU 항공시장의 경우도 항공시장자유화 전에는 규제가 심한 시장이었다. 그러나 EU 경제통합의 진전에 따라서 항공자유화 정책이 실시되었고, 기존에 국제선 항로를 기존 정규항공사(FSC: Full Service Carrier)가 주로 담당하던 시장환경이 변화를 하게 되었다. EU항공자유화는 1997년에 모든 EU항공사들이 역내에서 어떠한 노선에도 제약 없이 자유롭게 취항하는 권리(right of cabotage)를 부여받게 되면서 완료되었다. 항공자유화 이후 역내 항로는 폭발적으로

---

118) [4.3. 산업의 자유화: 항공산업사례]는 아래의 논문을 재구성하였다.
　　안상욱, 「경제통합과 저가항공 네트워크 발전: EU와 ASEAN 사례를 중심으로」, 『유럽연구』 34권 1호 (2016), pp. 287-308.

증가하였다. 미국 싱크탱크인 미국기업연구소(American Enterprise Institute)에서 발간하는 Regulation Outlook의 자료[119]에 따르면, 1992년부터 2008년까지 EU 회원국 간의 역내 항로는 120% 증가하였고, 또한 1992년부터 2008년까지 복수 이상의 항공사가 취항하고 있는 항로는 320% 증가하였다. 그리고 EU시장에서 LCC는 전체 여객운송의 1/3을 담당할 정도로 급성장하였다. 이는 EU의 항공자유화 정책이 FSC에 비해 국제선 신규취항에 어려움이 있었던 LCC에 역내국가간 국제선 취항의 진입장벽을 낮추어 항공시장에서 LCC의 역할이 증대한 것을 의미하는 것이다.

ASEAN에서도 비슷한 현상이 발생하고 있다. 2004년에 동남아시아에서 2500만 명의 여객을 운송하던 LCC는 2억 명의 여객을 운송할 정도가 되었다. 이는 좌석수용능력이 8배가 확대된 것을 의미하는 것이다. 반면에 FSC는 2004년에 1억 8천만 명의 여객을 운송하였는데 2014년에는 2억 6천만 명의 여객을 운송하여, 2004년부터 2014년까지의 기간 중에 45%가 확대되는데 그쳤다.[120]

EU의 항공자유화 정책은 4단계에 걸쳐 완성되었다. 1987년 항공자유화조치의 첫 단계로 항공료관련 제약조건이 철폐되었고, 특정노선에 양국 간의 각국별로 하나의 항공사가 지정되었던 관행이 철폐되었다. 또한 여객 및 화물수송량에서 제약이 폐지되었다. <표 4.3.-1>은 국토교통부에서 분류한 항공자유화의 유형이다. 이를 기준으로 볼 때, 1990년에는 유럽항공사들이 자국에서 다른 EU회원

---

119) Mark Milke, "Open Skies: What North America Can Learn from Europe," Regulation Outlook(American Enterprise Institute), No.3 (May 2010), pp.1-2.

120) Centre for aviation, "CAPA Aviation Outlook 2015. SE Asia - LCCs still dominate the agenda as flag carriers restructure," http://centreforaviation.com/analysis/capa-aviation-outlook-2015-se-asia---lccs-still-dominate-the-agenda-as-flag-carriers-restructure-209083

국으로 그리고 다른 EU회원국에서 자국으로 승객을 수송할 수 있는
제3자유 및 제4자유가 보장되었다. 또한 승객을 자국과 다른 EU회
원국으로 수송하는 가운데 또 다른 EU회원국에서 승객을 태우거나
내릴 수 있는 제5자유가 허락되었다. 그리고 항공운임과 여객 수송
량에 대한 제약은 철폐되었다. 1993년에는 항공사에 대한 공동체 차
원의 라이선스 부여와 자유로운 시장접근이 도입되었다. 공동체 차
원의 라이선스를 가진 모든 항공사는 EU역내에서 자유롭게 어떠한
국제노선에도 취항할 수 있게 되었다. 또한 항공사들은 운임을 설정
하는데 완벽한 자유를 보장받게 되었다.

1997년에는 모든 EU항공사들이 역내에서 어떠한 노선에도 제약
없이 자유롭게 취항하는 권리(right of cabotage)를 부여받게 되었다.
이를 통해 EU의 모든 항공노선이 마치 국내선처럼 간주되었다.[121]

<표 4.3.-1> 항공자유의 유형

자국 또는 제3국 ———— 상대국	제1자유(무착륙횡단비행): 체약국의 영공을 무착륙으로 횡단 비행할 수 있는 자유
자국 또는 제3국 ———— 상대국	제2자유(기술착륙): 수송이외의 목적, 즉 급유 또는 정비와 같은 기술적 목적을 위해 체약국에 착륙할 수 있는 자유
자국 ———— 상대국	제3자유(자국→상대국): 자국에서 적재한 여객, 화물 및 우편물을 상대국의 영역에서 내릴 수 있는 권리
자국 ———— 상대국	제4자유(상대국→자국): 자국으로 오는 여객, 화물 및 우편물을 상대국의 영역에서 탑재할 수 있는 권리

---

121) EU항공자유화 정책 진행과정에 대한 기술은 다음의 논문을 재인용.
 안상욱, "EU 항공자유화 협정과 저가항공사의 부상," 『지중해지역연구』, 제15권 제4호 (2013),
 pp. 87-89.

122) 국토교통부, "항공운수권 유형,"http://www.molit.go.kr/USR/policyData/m_34681/dtl?id=282
 위의 자료를 아래의 논문에서 재인용.

	제5자유(자국↔상대국↔제3국 또는 자국↔제3국↔상대국): 제3국으로 가는 여객, 화물 및 우편물을 상대국의 영역에서 탑재하고 내릴 수 있는 권리 (단, 항공기는 자국에서 출발 또는 도착 필요)
	제6자유(제3국→자국→상대국): 제3국에서 상대국으로 가는 여객, 화물, 우편물을 자사의 항공편으로 자국의 공항으로 수송해서 자사의 다른 항공편을 이용하여 상대국으로 운반할 수 있는 권리
	제7자유(상대국↔제3국): 자국의 영토 밖에서 항공사가 운항할 수 있는 권리로서, 제3국에서 상대국으로 들어가고 나오는 여객, 화물, 우편물을 상대국에서 내리거나 탑재하고 비행할 수 있는 권리 (항공기가 자국에서 출발 또는 도착하지 않고 3국과 상대국 간에만 운항)
	제8자유(상대국내 지점간): 동일국가의 한 지점에서 다른 지점으로 가는 여객, 화물, 우편물을 운반할 권리

출처: 국토교통부[122]

위의 결과로 저가항공사들은 큰 혜택을 받게 되었다. EU의 자료에 따르면 저가항공사의 Right of Cabotage를 활용한 항공노선 비중이 정규항공에 비해 높은 것을 알 수 있다. EU차원의 항공시장 통합을 통해서 국가 간의 항공시장 장벽을 제거하였으며, 그 결과 국가 간의 동수 항공사의 국제선 취항 관행에서 소외되었던 저가항공사의 국제선 취항이 비약적으로 증가하는데 크게 기여하였다.

<그림 4.3.-1>에서 볼 수 있는 바와 같이 LCC는 EU항공시장 자유화와 함께 성장하였다. 기존의 국가 간 항공운송협약에서 가장 흔한 방식이었던 제 3자유 (자국 영토 내에서 실은 여객과 화물을 상대국으로 운송할 수 있는 자유)와 제 4자유(상대국의 영토 내에서 여객과 화물을 탑승하고 자국으로 운송할 수 있는 자유) 뿐만 아니

안상욱, "EU 저가항공 성장과 항공시장의 변화," 『지중해지역연구』, 제 39호 (2015), pp. 125-126.

라 다양한 항공노선 운영방식이 LCC에서 활용되고 있다.

2015년에 EU의 LCC는 항공노선을 운영하면서 제 3자유와 제 4 자유와 비슷한 규모로 제 5자유(자국 항공사가 제3국을 경유하면서 상대국과 제3국간에 여객이나 화물을 운송할 수 있는 권리), 제 6자 유(항공사가 자국을 경유하여 두 외국 사이에서 운송할 수 있는 권 리), 제 7자유(항공사가 두 외국 간에 운송하는 서비스를 전적으로 외국에서 독립적으로 제공하는 권리)를 활용하였다.

(단위: 백만 명)

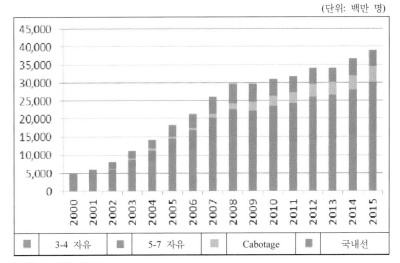

출처: EU집행위원회[123]

<그림 4.3.-1> LCC의 항공노선 운영방식

---

123) European Commission, Communication from the Commission to the European Parliament, the Council, the European Economic and Social Committee and the Committee of Regions: An Aviation Strategy for Europe {COM(2015) 598 final}, (2015), p. 16.

시장개방도가 가장 높은 Cabotage 방식도 상당히 많이 운용한 것을 <그림 4.3.-1>은 보여주었다.

그러나 FSC의 경우는 제 5자유, 제 6자유, 제 7자유 및 Cabotage를 활용한 항공노선 운영이 상당히 미미하였다. <그림 4.3.-2>에서 보는 바와 같이, FSC는 제 3자유와 제 4자유를 활용한 항공노선 운영방식과 국내선에 기반을 둔 항공노선 운영방식으로 거의 대부분의 항공노선을 운영하고 있다.

<그림 4.3.-1>과 <그림 4.3.-2>를 통해서 항공시장 자유화의 과실을 LCC가 잘 활용하여 좌석수용능력을 지속적으로 확대하였음을 알 수 있다.

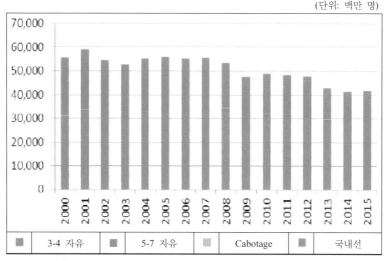

(단위: 백만 명)

출처: EU집행위원회[124]

<그림 4.3.-2> FSC의 항공노선 운영방식

---

124) European Commission, Communication from the Commission to the European Parliament, the

(단위: %)

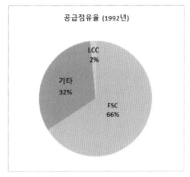
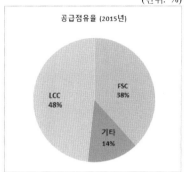

출처: EU집행위원회[125]

<그림 4.3.-3> EU 주간 항공좌석 공급점유율

EU에서 주간 항공좌석 공급점유율은 1992년까지 주로 FSC가 담당하였다. 1992년에 FSC가 66%의 좌석공급을 담당한 반면에 LCC는 2%에 불과하였다.

그러나 1997년 항공시장 통합이 완료된 이후에는 LCC의 좌석공급 점유율이 비약적으로 증가하여 2015년에는 FSC가 38%로 좌석공급 점유율이 하락하였고, 반면에 2015년에는 LCC의 좌석공급 점유율이 48%까지 확대되었다.

1992년부터 2015년까지 EU역내시장 주간 항공좌석 수용능력은 550만 명에서 1390만 명으로 152% 증가하였다. 그러나 이 기간 동안

Council, the European Economic and Social Committee and the Committee of Regions: An Aviation Strategy for Europe {COM(2015) 598 final}, (2015), p. 16.http://eur-lex.europa.eu/legal-content/EN/TXT/?uri=SWD%3A2015%3A261%3AFIN

125) European Commission, Communication from the Commission to the European Parliament, the Council, the European Economic and Social Committee and the Committee of Regions: An Aviation Strategy for Europe {COM(2015) 598 final}, (2015), p. 16.

에 FSC와 LCC의 좌석 수용능력변화는 큰 차이를 보이고 있다. LCC
는 2002년까지도 주간 항공좌석 공급점유율이 10% 미만이었지만,
2015년에는 48%로 급성장하였다. 반면에 FSC의 경우 2015년 주간
항공좌석 수용능력이 1998년에도 미치지 못하고 있다. 이처럼 FSC가
주도하던 항송시장이 LCC가 주도하는 항공시장으로 변모하였다.

(단위: 백만명)

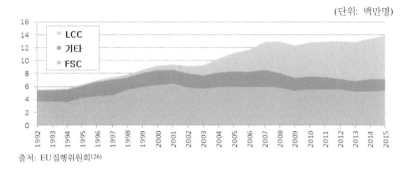

출처: EU집행위원회[126]

<그림 4.3.-4> EU 역내시장 주간 항공좌석 수용능력

<표 4.3-2>는 유럽저가항공사협회(EFLAA: European Low Fares
Airline Association)의 자료로 유럽 주요 저가항공사의 EU항공시장
에서 중추적인 역할을 가늠할 수 있다.

이지제트(Easyjet)와 Ryanair(라이언에어)와 같은 항공사는 1년 동
안 6710만 명, 9430만 명의 여객을 수송하였다. 그리고 가장 주목할
만한 점은 양대 유럽저가항공사의 평균탑승율이 91.2%와 90.1%에
이르고 있다는 점이다.

---

126) European Commission, Communication from the Commission to the European Parliament, the
Council, the European Economic and Social Committee and the Committee of Regions: An
Aviation Strategy for Europe {COM(2015) 598 final}, (2015), p. 16.

<표 4.3.-2> 유럽 주요 저가항공사의 여객운송 규모와 일일 항공편수

항공사	국적	승객(2014년 7월 – 2015년 6월)	평균 탑승률(2014년 7월 – 2015년 6월)	일일 항공편수 (2015년 6월)
EasyJet	영국	6710만 명	91.2%	1,416
Flambe	영국	760만 명	71.4%	474
Jet2.com	영국	600만 명	90.1%	200
Norwegian	노르웨이	2450만 명	82.0%	430
Rainier	아일랜드	9430만 명	90.1%	1,600
Transavia.com	네덜란드	680만 명	91.0%	128
Violater	스페인	210만 명	71.1%	110
Valeting	스페인	2290만 명	79.9%	566
Wizz Air	헝가리	1730만 명	87.1%	352

출처: EFLAA[127)]

<표 4.3.-3> 역시 EFLAA의 자료로 EU 저가항공사의 취항 국가, 취항목적지, 취항 항로와 고용인 규모를 알 수 있다. 유럽 최대 저가 항공사인 Ryanair의 경우 1600개 취항항로에 9500명을 고용하고 있고, Easyjet의 경우 776개 취항항로에 8399명을 고용하고 있다.

EU저가항공사는 EU항공자유화 정책의 혜택을 크게 입었고, 이를 통해 항공노선 수와 여객수송능력을 증대시킬 수 있었다. 다시 말해, 항공시장에서의 경제통합이 저가항공 발전에 기여를 한 것이다. 이와 비슷한 상황이 아시아의 경제통합체인 ASEAN에서도 발전하고 있다

---

127) EFLAA, "EFLAA 통계자료," http://www.elfaa.com/Statistics_June2015.pdf

<표 4.3-3> 유럽 주요 저가항공사의 노선취항 현황과 고용현황

항공사	취항 국가 (2015년 6월)	취항 목적지 (2015년 6월)	취항 항로 (2015년 6월)	고용인 규모 (2015년 6월)
EasyJet	32	138	776	8,399
Flybe	9	59	155	2,105
Jet2.com	16	52	205	3,500
Norwegian	31	192	405	3,500
Ryanair	31	192	1,600	9,500
Transavia.com	24	113	173	1,427
Volotea	8	65	153	535
Vueling	41	155	375	2,340
Wizz Air	38	118	380	2,248

출처: EFLAA[128]

1995년 태국 방콕에서 열린 ASEAN 정상회담에서 ASEAN 항공 자유화가 최초로 논의가 되었다. 2001년에는 제 7차 항공교통회의 (the Seventh Air Transport Meeting)에서 아세안 교통장관들이 항공교통 행정의 단계별 자유화에 합의하였다. 이는 통해서 역내 항공교통에서 기업들의 역할을 더욱 증대시킬 수 있도록 하기 위한 조치였다.

이러한 움직임이 보다 더 가시환 된 것은 ASEAN 항공화물 운송의 완전한 자유화를 목표로 2002년 9월에 채택된 항공화물운송에 관한 ASEAN MOU (The ASEAN Memorandum of Understanding on Air Freight Service)이었다. ASEAN 항공교통 워킹그룹(ATWG: the ASEAN Air Transport Working Group)은 "ASEAN 통합을 위한 로드맵: 경쟁력있는 항공서비스 정책"을 발표하였고, 이는 2003년 10월에 미얀마에서 개최된 제 9차 항공교통회의에서 채택되었다.

---

128) EFLAA, "EFLAA 통계자료," http://www.elfaa.com/Statistics_June2015.pdf

2004년 2월에는 호치민에서ASEAN 항공자유화에 관한 특별회의가 개최되어, ASEAN 행동계획 (ASEAN Action Plan)의 초안이 제출되었다. 그리고 2004년 11월 캄보디아 프놈펜에서 열린 제10차 교통장관회의에서 ASEAN 항공 자유화에 관련된 2015년까지의 ASEAN 행동계획이 채택되었다. ASEAN 행동계획에서는 다음의 목표가 설정되었다.

<표 4.3.-4> 항공 자유화에 관련된 ASEAN 행동계획

기한	여객	화물
2005	ASEAN sub region*내 지정구간의 제 3자유와 4자유 확립	
2006	ASEAN sub region*간에 각국별 2개 이상 도시의 제 3자유와 제 4자유 확립	제 3자유와 제 4자유 확립
	ASEAN sub region간 지정구간에 제 5자유 확립	
2008	ASEAN sub region*간 각국별 2개 이상 도시의 제 5자유 확립	제 3자유, 제 4자유, 제 5자유 확립
	ASEAN 국가 수도간의 제 3자유와 제 4자유 확립	
2010	ASEAN 국가 수도간의 제 5자유 확립	
2015	단일항공시장(Single Aviation Market) 설립	

출처: ERIA[129)]

* ASEAN Sub region: Brunei–Indonesia–Malaysia–Philippines East ASEAN Growth Area (BIMP-EAGA) Cambodia–Laos–Myanmar–Vietnam (CLMV)

항공화물운송에 관련해서는 2006년까지 제 3자유와 제 4자유를 확립하고, 2008년까지 완전한 자유를 확립하는 것을 목표로 하였다. 항공여객운송에 관련해서는 2005년까지 ASEAN sub region내 지정구간의 제 3자유와 제 4자유 확립하고, 2006년까지 ASEAN sub region간에 각국별 2개 이상 도시의 제 3자유와 제 4자유 확립하면

---

129) ERIA, "Toward a Single Aviation Market in ASEAN: Regulatory Reform and Industry Challenges," http://www.eria.org/ERIA-DP-2013-22.pdf

서, ASEAN sub region간 지정구간에 제 5자유 확립하고, 2008년까지 ASEAN sub region간 각국별 2개 이상 도시의 제 5자유 확립하고 ASEAN 국가 수도간의 제 3자유와 제 4자유 확립하는 것을 목표로 하였고, 2010년까지 ASEAN 국가 수도간의 제 5자유 확립하고, 2015년까지 단일항공시장(Single Aviation Market) 설립하는 것을 목표로 하였다.

ASEAN 차원의 항공시장 통합과 함께, ASEAN 일부 회원국 간에 다자간협약이 체결되었다. 대표적인 사례가 2009년에 체결된 '항공서비스에 대한 아세안 다자 협정(MAAS: Multilateral Agreement on Air Services)'과 2010년에 체결된 '항공여객수송 완전 자유화 다자간협약(MAFLPAS: Multilateral Agreement for Full Liberalization of Passenger Air Services)'이다. MAAS의 경우 협약 내 일부의정서가 일부 회원국에서 비준이 되지 않았다. 그리고 MAFLPAS의 경우 협약 자체가 일부 아세안 회원국에서 비준이 되지 않았다.[130]

이점이 EU와 ASEAN 간의 항공자유화 정책운용의 차이이다. EU의 항공자유화 정책은 회원국 간의 차이가 없이 진행이 되었지만, ASEAN의 항공자유화 정책은 회원국 간의 차이를 일부 인정하고 있는 것이다.

---

130) DBS, Regional Industry Focus: ASEAN Airlines, (2015), p. 12.

<표 4.3-5> MAAS와 MAFLPAS에 대한 ASEAN 회원국 비준 현황

회원국	MAAS		MAFLPAS	
	회원국 수도 간에 항공시장 장벽제거		모든 회원국 도시 간에 항공시장 장벽제거	
	제 3자유, 제 4자유	제 5자유	제 3자유, 제 4자유	제 5자유
싱가포르	○	○	○	○
말레이시아	○	○	○	○
태국	○	○	○	○
베트남	○	○	○	○
인도네시아	○	○	×	×
필리핀	○	×	○	○
캄보디아	○	○	○	○
라오스	○	○	×	×
미얀마	○	○	○	○
브루나이	○	○	○	○

출처: DBS[131]

<표 4.3.-6>은 DBS의 자료로 EU와 ASEAN의 항공시장통합의 정도를 보여주는 자료이다. EU의 경우 항공시장 통합이 완료되었지만, ASEAN의 경우에는 아직도 항공시장의 통합에 제약이 존재하고 있다.

<표 4.3.-6> ASEAN과 EU의 항공시장통합

지역 블록	제 1/2/3/4/5 자유	제 6/7/8 자유	외국인 소유
ASEAN	○	×	제약
EU	○	○	제약 없음

출처: DBS[132]

---

131) DBS, Regional Industry Focus: ASEAN Airlines, (2015), p. 12.
132) DBS, Regional Industry Focus: ASEAN Airlines, (2015), p. 12.

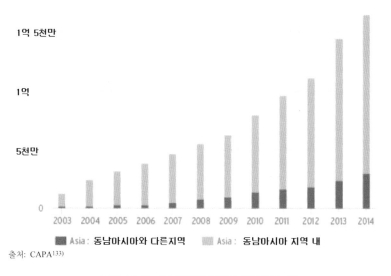

출처: CAPA[133]

<그림 4.3.-5> 동남아시아 LCC의 좌석수용능력

<그림 4.3.-5>는 동남아시아 저가항공의 좌석수용능력의 급격한 성장을 보여주고 있다. 특히 동남아시아 지역 내 여객수송은 급격하게 증가하였다. 이는 ASEAN 회원국의 항공시장 장벽이 제거되면서 저가항공사가 항공루트를 증대시킬 수 있었기 때문이다.

동남아시아에서 LCC의 좌석수용능력은 지난 10년간 8배 이상 증대하였다. 2004년에 2500백만 명의 좌석수용능력은 2014년에 2억 명으로 증대하였다. 반면에 FSC의 좌석수용능력은 45% 증대하는데 그쳤다. 2004년 1억 8천만 명을 수송하던 FSC의 좌석수용능력은

---

133) CAPA, "SE Asia - LCCs still dominate the agenda as flag carriers restructure," CAPA Aviation outlook 2015, (2015).

2014년에 2억 6천만 명으로 증대하였을 뿐이다.

<표 4.3.-7> ASEAN 회원국에서 LCC의 좌석수용능력과 시장보급률

	주간 좌석수용능력 (단위: 백만)	LCC의 국내선 시장보급률	LCC의 국제선 시장보급률
태국	1.8	54%	19%
말레이시아	1.6	54%	47%
싱가포르	1.4	-	31%
필리핀	1	65%	32%
베트남	0.8	26%	14%
캄보디아	0.1	0%	17%
미얀마	0.1	9%	33%
라오스	< 0.1	0%	7%
브루나이	< 0.1	-	15%

출처: CAPA[134]

ASEAN 지역에서 LCC의 시장보급률(Market penetration rate)은 국내선 뿐만 아니라 국제선에서도 빠른 속도로 증대되고 있다. <표 4.3.-7>은 ASEAN 회원국 여객운송에서 LCC의 좌석점유율에 관련된 통계자료이다.

말레이시아와 같은 경우 국내선의 54%, 국제선의 47%의 여객운송은 LCC가 담당하고 있다. 필리핀의 경우도 국내선의 65%, 국제선의 32%의 여객운송을 LCC가 담당하고 있다.

---

134) CAPA, "Competition in Southeast Asia's low-cost airline sector heats up as capacity surges," http://centreforaviation.com/analysis/competition-in-southeast-asias-low-cost-airline-sector-heats-up-as-capacity-surges-126798

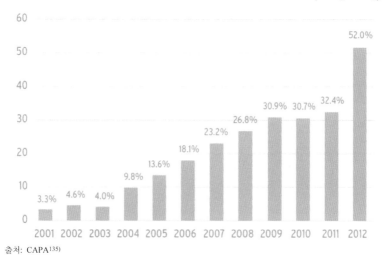

출처: CAPA[135)]

<그림 4.3.-6> 동남아시아 역내 노선 LCC의 승객운송 비율

    <그림 4.3.-6>에서 보는 바와 같이 ASEAN지역에서 역내노선 승객 운송에서 LCC의 점유율은 2001년 3.3%에서 2012년 52%로 큰 폭으로 상승하였다. EU사례와 마찬가지로, ASEAN에서도 항공자유화 정책이 추진된 이후 LCC의 항공시장에서의 역할이 크게 증대되었다. 1995년 태국 방콕에서 열린 ASEAN 정상회담에서 ASEAN 항공자유화가 최초로 논의되고 2001년에는 제 7차 항공교통회의(the Seventh Air Transport Meeting)에서 아세안 교통장관들이 항공교통 행정의 단계별 자유화에 합의하면서 ASEAN의 항공자유화 정책이 본격적으로 추진된 이후에, ASEAN에서 LCC의 역할은 비약적으로 증대되었다.

---

135) CAPA, "Competition in Southeast Asia's low-cost airline sector heats up as capacity surges," http://centreforaviation.com/analysis/competition-in-southeast-asias-low-cost-airline-sector-heats-up-as-capacity-surges-126798

<표 4.3.-8> ASEAN 회원국에서 외국계 자본의 국내 항공사 지분소유에 대한 제약

브루나이	외국계 자본의 지분 소유는 최대 51%-80%. 정부의 재량권에 따름.
캄보디아	외국계 자본의 지분소유 제한. 정부의 재량권에 따름.
인도네시아	외국계 자본의 지분소유는 최대 49%.
라오스	외국계 자본의 지분소유는 최대 100%. 그러나 정부의 재량권에 따름.
말레이시아	외국계 자본의 지분소유는 최대 49%.
미얀마	외국계 자본의 지분소유는 최대 100%. 정부의 재량권에 따름.
필리핀	외국계 자본의 지분소유는 최대 40%.
싱가포르	외국계 자본의 지분소유는 최대 51%.
태국	외국계 자본의 지분소유는 최대 49%.
베트남	외국계 자본의 지분소유는 최대 30% - 100%. 그러나 정부의 재량권에 따름

출처: DBS, Regional Industry Focus: ASEAN Airlines, (2015).

물론 아직 EU에 비해 항공자유화를 늦게 시작한 ASEAN의 경우 항공사에 대한 외국자본의 참여에 제약이 있는 등 아직 제도적인 규제가 많은 편이다. <표 4.3.-8>에서 볼 수 있듯이, ASEAN 회원국의 대부분은 외국계 자본의 국내 항공사 지분소유에 대한 제도적인 제약을 두고 있다.

지분참여의 측면에서 제도적인 제약이 가장 적은 베트남과 라오스의 경우도 외국계 자본의 자국 항공사 지분참여는 정부의 재량에 따르도록 하고 있다. 외국계 항공사의 지분참여가 정부의 재량권에 따르지 않아도 되는 인도네시아, 말레이시아, 필리핀, 싱가포르 태국의 경우도 싱가포르를 제외하고는 외국계자본이 반수 이상의 지분을 소유할 수 없도록 되어있다.

그러나 ASEAN의 경제통합이 가속화될수록 ASEAN의 항공시장 역시 역내에서 규제가 완화될 것으로 예상된다. 그리고 항공자유화는 기존의 항공노선 구축에서 FSC에 비하여 제약을 많이 받았던 LCC에 혜택이 될 것으로 예상된다.

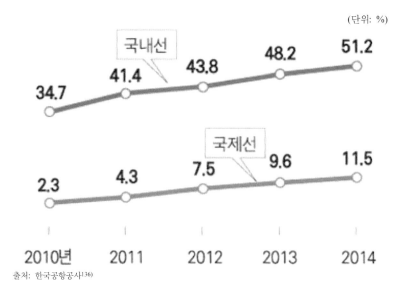

(단위: %)

<그림 4.3.-7> 국내 LCC의 연도별 시장점유율

EU와 ASEAN에서 경제통합의 진전에 따라 항공자유화 정책이 가속화되었고, 항공자유화 정책의 실시에 따라 기존의 역내 국제선에서 많은 제약을 받고 있었던 LCC의 역내 항공시장에서의 역할이 획기적으로 증대되었다. 국내에서도 정부가 다른 국가와의 항공자유화를 가속화함에 따라, LCC의 국제선 시장에서의 역할이 증대되고 있다.

2010년 국내선의 34.7%, 국제선의 2.3%의 시장점유율을 보였던 국내 LCC는 2014년에 국내선의 51.2%, 국제선의 11.5%의 시장점유율을 차지하면서 그 역할이 확대되고 있다. 또한 2013년 10월 기준으로 한국은 여객, 화물과 관련하여 26개국, 여객만 관련

---

136) 한국공항공사 통계자료 『한국일보』, 2015년 1월 19일. 자료 재인용. http://www.hankookilbo.com/m/v/0f3aa62990be4634af53bb77bfe50cae

하여 1개국, 화물만 관련하여 13개국과 항공자유화협정을 체결하였다.

<표 4.3.-9> 한국의 항공자유화 협정 체결 현황

(2013년 10월 기준)

국가	여객			화물			비 고
	체결 여부	범위	체결일	체결 여부	범위	체결일	
몰디브	○	3~4	'86.10.22	○	3~4	'86.10.22	
미국	○	3~5	'98.4.23	○	3~5	'98.4.23	
중국	○	3~4	'06.6.16	○	3~4 (산동성·해남성)	'06.6.16	일부지역 (산동·해남성)
홍콩	○	3~4	'12.12.21	-	-	-	지방: 즉시 서울: 2013년 동계부터
태국	○	3~4	'06.5.23	○	3~4	'04.4.29	
베트남	○	3~4	'06.4.13 ('08.1.1부)	○	3~4	'06.4.13	
미얀마	○	3~4	'06.9.8 ('10.4.1부)	○	3~5	'06.9.8 ('10.4.1부)	
캄보디아	○	3~4	'06.9.4 ('10.1.1부)	○	3~5	'06.9.4 ('10.1.1부)	
칠레	○	3~5	'01.5.11	○	3~5	'01.5.11	
페루	○	3~4	'11.11.13	○	3~5	'11.11.13-30	
독일	-	-	-	○	3~4	'01.8.24	
우크라이나	○	3~4	'06.11.22 ('10.1.1부)	○	3~5	'06.11.22 ('10.1.1부)	
호주	-	-	-	○	3~4	'98.12.15	
					5	'07.8.23	
인도	-	-	-	○	3~5	'91.3.27	
오스트리아	-	-	-	○	3~4	'96.3.12	
북구3국*	-	-	-	○	3~4	'00.7.11	
스리랑카	○	3~4	'07.7.25	○	3~5	'97.2.26	
케냐	○	3~4	'07.4.27	○	3~5	'05.11.24	
핀란드	-	-	-	○	3~4	'06.11.9	
아제르바이잔	○	3~4	'06.12.22	○	3~4	'06.12.22	

말레이시아	○	3~4	'07.1.12	○	3~5	'07.1.12	
그리스	-	-	-	○	3~5	'07.5.3	
일본	○	3~4 (동경 제외)	'07. 8.2	○	3~4 (동경 제외)	'07. 8.2	일부지역
마카오	○	3~4	'11.11.23	○	3~4	'08. 2.27	
캐나다	○	3~6	'08.11.19	○	3~7	'08.11.19	
튀니지	○	3~4	'09.5.12	○	3~4	'09.5.12	
남아공	-	-	-	○	3~4	'08. 4.24	
우즈베키스탄	-		-	○	3~4 (타쉬켄트공항)	'08. 5.1	
멕시코	○	3~4	'08.6.27	○	3~4	'08.6.27	
벨로루스	○	3~4	'09.5.27	○	3~4	'09.5.27	
파키스탄	-	-	-	○	3~4	'10.2.24	
브라질	○	3~5	'10.6.29	○	3~5	'10.6.29	
스페인	○	3~4	'11.5.4	○	3~4	'11.5.4	
라오스	○	3~4	'11.9.1	○	3~4	'11.9.1	
에콰도르	○	3~5	'11.9.6	○	3~5	'11.9.6	
파라과이	○	3~5	'12.5.22	○	3~5, 7	'12.5.22	
파나마	○	3~5	'12.6.20	○	3~5	'12.6.20	
아르헨티나	-	-	-	○	3~4	'13.4.25	

출처: 국토교통부
* 북구 3국: 스웨덴, 노르웨이, 덴마크

한국정부는 항공자유화를 추진하면서, 다른 국가와 항공시장의 장벽을 낮추려고 노력하면서도, 적극적인 저가항공사의 네트워크를 활성화하는데 소극적이었다.

그러나 항공시장의 주도권이 저가항공으로 넘어가고 있는 현재 상황에서 저가항공에 대한 정책당국의 무지는 향후 동북아시아에서 항공질서가 재편 될 때 한국이 소외되는 상황이 발생할 수 있다.

EU의 경제통합의 진전에 따른 항공자유화 정책으로 저가항공사의 취항 노선이 EU역내에서 증대하면서 EU항공시장에서 저가항공

의 역할이 증대되었고, 현재 EU가 실행해온 항공자유화정책을
ASEAN이 벤치마킹을 하여 실시하고 있다. ASEAN 항공시장의 규
제철폐에 따라서 ASEAN에서의 저가항공의 역할도 증대하고 있다.
한국도 이와 같은 흐름에 뒤처지지 않으려면, 항공자유화 협정을 확
대함과 동시에 아시아 역내 저가항공사의 성공사례를 벤치마킹 할
필요가 있다.

제 5 장

세계화 진전에 따른
불균등성의 문제

5.1. 세계화와 부의 불평등한 전 세계 분배

세계화에 따른 전 세계의 부는 선진국에서 개발도상국으로 이전하고 있다. 그러나 그 수혜는 주로 동아시아 국가들이 받게 되었다.

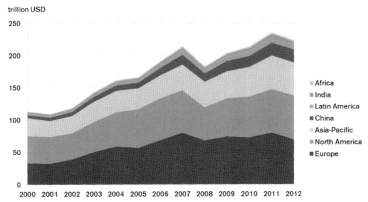

출처: Credit Suisse Global Wealth Databook, Shorrocks/Davies/Lluberas[137]

<그림 5.1.-1> 전 세계 부의 각 지역별 비중

137) https://www.oecd.org/site/worldforumindia/Davies.pdf

<그림 5.1.-1>에서 보는 바와 같이 2000년까지도 북아메리카와 유럽에 심하게 편중되었던 전 세계의 富가 개발도상국으로 이전되고 있다. 특히 중국이 전 세계의 부에서 차지하는 비중은 비약적으로 상승하고 있다. 반면에 아프리카의 경우는 그 상승폭이 상당히 미미하였다. 이는 전 세계 경제질서를 좌지우지하던 북아메리카와 유럽의 경제패권이 과거에 비해 약해지고 있으며, 개발도상국의 입지가 강화되고 있지만 개발도상국 간에도 차이가 발생하고 있음을 보여주는 것이다.

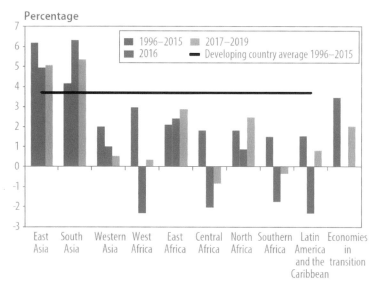

출처: United Nations. World Economic Situation and Prospects 2018[138]

<그림 5.1.-2> 전 세계 개발도상국의 평균 GDP성장률

---

138) United Nations. https://www.un.org/development/desa/dpad/wp-content/uploads/sites/45/wesp_mb110_fig2.png

<그림 5.1.-2>는 전 세계 개발도상국의 평균 GDP성장률인데 비교 대상의 모든 기간 동안에 동아시아와 남아시아의 개발도상국은 전 세계 개발도상국 평균 경제성장률을 훨씬 뛰어 넘었다. 반면에 서아시아, 아프리카, 라틴아메리카 지역은 전 세계 개발동상국 평균 경제성장률에도 모든 비교 기간 동안 미치지 못하였다.

이와 같은 상황은 세계화에 따른 개발도상국의 성장이 동아시아와 남아시아 지역에 집중되고 있는 상황을 의미하는 것이다.

이와 같은 상황을 이해하면 한 때 전 세계를 핵심(Core), 주변부(Periphery), 반-주변부(Semi-Periphery)로 나누고 핵심지역에 의한 주변부 착취를 설명하던 Wallerstein(월러스타인)의 세계체제론(World System Theory)가 동아시아의 상황에는 맞지 않았다는 것을 이해할 수 있다.

반면에 아프리카와 라틴아메리카의 대부분의 국가에서 생활여건은 과거에 비해서 개선되지 못하고 있다.

세계화가 가속되고 있는 현재는 과거 선진국과 개발도상국 사이에서 벌어졌던 경제성장의 간극이 개발도상국 사이에서도 발생하고 있다. 이와 같은 상황은 개발도상국 간에도 의견조율이 쉽지 않게 되고 있는 상황을 발생시키고 있다.

5.2. 개발도상국이 직면한 불균등성의 문제

대부분의 개발도상국은 농업생산에 경제활동을 의지하고 있다. 공산품의 수출에 정부보조금이 제공되는 것을 까다롭게 규제하고 공산품의 수입에 무역장벽을 세우는 것을 어렵게 만들고 있는 제 2 차 세계대전 이후의 다자간무역질서는 공산품 교역에 비해서 농산물 생산에 대한 정부보조에는 매우 관대하고, 농산물 수입에 대한 무역장벽에도 매우 관대한 편이다.

이와 같은 상황은 현재의 다자간 무역질서가 과거 GATT 창립회원국의 대부분을 차지하였던 선진국을 중심으로 만들어졌기 때문이다. 공산품이 경쟁우위에 있었던 선진국은 타국의 공산품 시장을 개방하고, 자국의 농산물 시장을 보호하려 하였다.

(단위: 농가소득에서 PSE(생산자지지추정치) 비중 %, 2016년 혹은 최신 자료)[139]

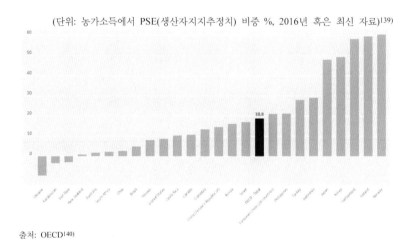

출처: OECD[140]

<그림 5.2.-1> 농업보조

---

139) '생산자지지추정치(PSE: Producer Support Estimate)'는 농업지지정책에 의해 연간 농업인에게 이 전된 지원금으로 '재정지불액'과 '시장가격지지'로 구성된다. 다시 말해, 관세를 통해서 해외 농산물의 시장진입장벽을 높이거나 정부가 재정적인 수단으로 보조금을 지급하여 자국의 농산물의 가격을 낮추는 것을 통해서 해외 농산물에 비해 가격경쟁력을 높이는 행위를 의미한다.

140) OECD. "Agricultural support Producer support (PSE), % of gross farm receipts, 2016 or latest available" https://data.oecd.org/agrpolicy/agricultural-support.htm

<표 5.2.-1> 농업보조

(단위: 농가소득에서 PSE(생산자지지추정치) 비중 %,

	연도	농가소득에서 PSE 비중 (%)
호주	2013	2.202420173
호주	2014	1.90649178
호주	2015	1.807135167
호주	2016	1.951397976
캐나다	2013	10.27072487
캐나다	2014	8.720078401
캐나다	2015	8.44433971
캐나다	2016	10.74118021
아이슬란드	2013	41.2856516
아이슬란드	2014	49.76590143
아이슬란드	2015	57.07810888
아이슬란드	2016	59.64692234
일본	2013	51.8957564
일본	2014	49.0002798
일본	2015	44.07033556
일본	2016	48.04550578
한국	2013	50.96919303
한국	2014	47.98961294
한국	2015	50.77391536
한국	2016	49.20032325
멕시코	2013	10.73413247
멕시코	2014	10.4605778
멕시코	2015	10.95685399
멕시코	2016	8.04
뉴질랜드	2013	0.577572343
뉴질랜드	2014	0.736364852
뉴질랜드	2015	0.640718678
뉴질랜드	2016	0.860995195
노르웨이	2013	56.51105523
노르웨이	2014	59.07781924
노르웨이	2015	59.54723942
노르웨이	2016	60.35621763
스위스	2013	47.43713946

스위스	2014	55.68432936
스위스	2015	59.01126529
스위스	2016	58.23498
터키	2013	21.37902121
터키	2014	25.24043479
터키	2015	26.14931313
터키	2016	27.89235537
미국	2013	6.907004532
미국	2014	10.02924002
미국	2015	9.592910853
미국	2016	8.711205637
브라질	2013	3.468372335
브라질	2014	3.896231784
브라질	2015	2.562913625
브라질	2016	4.857437765
칠레	2013	2.945485752
칠레	2014	3.086022067
칠레	2015	3.173995114
칠레	2016	2.772559026
중국	2013	14.74348681
중국	2014	14.52847394
중국	2015	15.67191578
중국	2016	14.50750044
인도네시아	2013	20.41096758
인도네시아	2014	24.30568945
인도네시아	2015	29.1097799
이스라엘	2013	7.394610034
이스라엘	2014	12.25875635
이스라엘	2015	17.77660956
이스라엘	2016	17.07667422
카자흐스탄	2013	13.28605221
카자흐스탄	2014	9.685856561
카자흐스탄	2015	11.37322867
카자흐스탄	2016	-3.179282474
러시아	2013	13.24099675
러시아	2014	13.20526013
러시아	2015	12.21420576

러시아	2016	16.06477074
남아프리카	2013	2.911571846
남아프리카	2014	2.751573196
남아프리카	2015	4.667795243
남아프리카	2016	2.332391718
남아프리카	2013	-5.014330207
우크라이나	2014	-8.800315378
우크라이나	2015	-7.525917793
우크라이나	2016	-9.458986834
OECD 평균	2013	17.91861734
OECD 평균	2014	17.87819924
OECD 평균	2015	17.89309968
OECD 평균	2016	18.77085569
콜롬비아	2013	22.20419757
콜롬비아	2014	18.30673493
콜롬비아	2015	15.57613784
콜롬비아	2016	13.31883526
EU28	2013	20.39289543
EU28	2014	18.60046617
EU28	2015	19.14345523
EU28	2016	20.99291806
베트남	2013	2.817505078
베트남	2014	-1.131670712
베트남	2015	-3.256917897
베트남	2016	-2.87744672
코스타리카	2013	9.798189215
코스타리카	2014	8.230294481
코스타리카	2015	11.47097974
코스타리카	2016	10.39662593
필리핀	2013	26.49249844
필리핀	2014	26.65360952
필리핀	2015	25.67721138
필리핀	2016	21.13005617

출처: OECD[141]

---

141) OECD. "Agricultural support Producer support (PSE), % of gross farm receipts, 2016 or latest available" https://data.oecd.org/agrpolicy/agricultural-support.htm

선진국의 자국 농업보조는 개발도상국의 농산물 수출에 장애가 되고 있다. <그림 5.2.-1>과 <표 5.2.-1>의 자료에서 사용된 '생산자 지지추정치(PSE: Producer Support Estimate)'는 농업지지정책에 의해 연간 농업인에게 이전된 지원금으로 '재정지불액'과 '시장가격지지'로 구성된다. 다시 말해, 관세를 통해서 해외 농산물의 시장진입 장벽을 높이거나 정부가 재정적인 수단으로 보조금을 지급하여 자국의 농산물의 가격을 낮추는 것을 통해서 해외 농산물에 비해 가격 경쟁력을 높이는 행위를 의미한다.

<그림 5.2.-1>과 <표 5.2.-1>의 자료를 보면 대부분의 선진국들이 높은 농업보조 수준을 유지하였다. 특히 스위스, 아이슬란드, 노르웨이, 일본, 한국은 타국산 농산물에 대해서 높은 진입장벽을 세우고 있었다.

미국과 EU역시 스위스, 아이슬란드, 노르웨이, 한국 수준은 아니지만 높은 농산물 무역장벽을 갖고 있었다.

5.2.1. EU의 ODA정책과 농업정책의 모순[142]

이와 같은 선진국의 농업시장 보호정책은 선진국이 개발도상국을 지원하는 ODA정책과 모순을 발생시키기도 한다. EU는 세계 최대의 ODA 공여지역임과 동시에 농업생산에 보조금을 지급하는 대규모의 공동농업정책을 유지하는 지역이다. EU의 ODA정책으로 개발도상국의 발전을 지원하면서, 다른 한 편에서는 공동농업정책의 실시로 개발도상국 농산물의 EU시장진입을 막아 개발도상국의 발전

---

142) [5.2.1. EU의 ODA정책과 농업정책의 모순]은 다음의 논문을 재구성하였다.
　　　안상욱. 「EU의 ODA 정책과 무역정책: 보완성과 모순성」. 『국제지역연구』 15권 2호 (2011), pp. 69-92.

을 저해하는 아이러니한 상황이 발생하고 있다.

EU와 EU회원국은 공적개발원조(ODA: Official development assistance)의 중요성을 일찍부터 인식하였고, 현재 세계 최대의 ODA의 공여국으로 세계 공적개발원조를 주도하고 있다. 2009년의 경우 OECD 개발원조위원회(DAC: Development Assistance Committee) 회원국에서 제공된 ODA 중 절반이상이 EU의 OECD DAC 회원국에서 제공된 것이었다. 개발도상국과의 경제협력의 측면에서도 EU는 1963년 야운데(Yaoundé) 조약, 1975년 로메(Lomé)조약, 2000년 코토누(Cotonou)조약에 이르기까지 장기간에 걸쳐 개발도상국에 대한 경제협력의 경험을 축적하였다.

그러나 EU가 개발도상국들과 맺은 특혜무역조약인 야운데(Yaoundé) 조약과 로메(Lomé)조약으로 특혜무역조약인 협약대상국이 아닌 개발도상국이 차별을 받는 상황이 발생하였고, 이는 '바나나분쟁'으로 대표되는 무역분쟁으로 이어지기도 하였다. 그리고 개발도상국의 농산품에 대한 선진국 시장개방 및 선진국의 농업보조금 감축을 골자로 삼았던 WTO차원의 도하라운드는 EU와 미국의 농업보조금에 대한 고집으로 협상이 2006년 이후 중단되어 개발도상국 농업의 피해가 지속되는 결과를 맞이하였다.

EU는 ODA 분야에서 선두의 위치를 점하고 있으며 EU와 아프리카, 카리브해 및 태평양 국가군(ACP: african, caribbean and pacific states)간의 무역협력을 통해 ACP 국가의 경제발전에 기여를 하려 노력을 하였다. 그러나 EU의 공동농업정책에 따른 농산물 시장의 폐쇄성은 농산물 수출이 주 산업인 개발도상국에 심각한 타격을 주고 있다. 반면에 GATT와 WTO의 무역질서를 선진국이 주도하면서 EU의 주요수출품인 공업제품에 대한 관세는 전 세계 차원에서 대폭 감축되었다.

개발도상국에 대한 공적개발원조에 대한 UN차원의 논의는 이미 40여전에 시작되었다. 1968년 8월 당시 세계은행 총재였던 맥나마라 총재의 위탁에 의해 캐나다 전 수상인 피어슨을 위원장으로 국제개발위원회가 만들어졌다. 1969년 10월 세계은행, IMF 연간 총회에 제출된 피어슨 보고서 「개발을 위한 파트너십 (Partners in Development)」은 공적개발원조란 무엇인가에 관해 논의했고, GNP의 0.7%를 공적개발원조로 제공할 것과 차관의 공여조건 등에 관한 목표를 권고하고 하였다. 이후 1970년 UN의 틴버겐 보고서는 개발도상국 전체의 연평균 성장률을 최소한 6%로 할 것과 선진국 GNP의 0.7%를 공적개발원조로 공여할 것 등 개발에서 구체적 목표와 원조의 규모를 제시하였다. (한국국제협력단 2008, 58)

1981년 1월 UN총회에서 정식 결의된 제 3차 UN개발 10년 계획은 개발도상국의 연평균 경제성장률 7%, 1인당 GDP성장률 4.5%를 목표로 정했으며, 선진국에 대해서는 GDP의 0.7%에 상당하는 공적개발원조의 제공을 목표로 제시하였다. (한국국제협력단 2008, 62)

2001년 UN은 천년개발목표(MDGs: Millennium Development Goals) 발표를 통해 국제사회가 당면한 과제와 이들 과제의 해결시한을 2015년으로 제시하였고 2002년 3월 '개발재원에 관한 몬테레이 회의'에서 UN은 MDGs 달성을 위한 다양한 개발재원을 논의하였다. 몬테레이 회의결과 MDGs 달성을 위한 선진국과 개도국간 상호서약을 담은 '몬테레이 컨센서스(Monterrey Consensus)'가 도출되었으며, 회의결과 선진국들이 2015년까지 GDP의 0.7%까지 ODA 제공을 확대해야한다는 권고안이 만들어졌다. 몬테레이 컨센서스에서 또한 ODA 확대·무역증진·국내재원조달 등 다양한 재원조달 방안 논의하였다. 이후 몬테레이 컨센서스에 언급된 재원동원 방안, 특히 ODA 확대만으로는 MDGs 달성이 힘들다는 인식이 제기되었고 이후 2005년 9월 "혁신적 개발재원에 관한 뉴욕선언"을 통해 혁신적 개발재원 도입필요성이 명시되었다. 2007년 3월 "혁신적 개발재원에 관한 파리 각료급회의"를 통해 항공권 연대 기여금, 국제금융백신기구 등의 메커니즘 도입을 구체화되었다.

<표 5.2.1.-1> GNI대비 및 1인당 ODA 추이

(1인당 ODA 단위: US $)

	2007		2008		2009	
	ODA/GNI	1인당 ODA	ODA/GNI	1인당 ODA	ODA/GNI	1인당 ODA
한국	0.07	14	0.09	17	0.1	17
호주	0.32	127	0.32	138	0.29	126
오스트리아	0.5	218	0.43	206	0.3	137
벨기에	0.43	185	0.48	223	0.55	241
캐나다	0.29	123	0.32	143	0.3	118
덴마크	0.81	468	0.82	509	0.88	508
핀란드	0.39	185	0.44	219	0.54	241
프랑스	0.38	160	0.39	175	0.46	200
독일	0.37	149	0.38	170	0.35	146
그리스	0.16	45	0.21	63	0.19	54
아일랜드	0.55	275	0.59	306	0.54	224
이탈리아	0.19	67	0.22	82	0.16	56
일본	0.17	60	0.19	75	0.18	74
룩셈부르크	0.91	816	0.97	847	1.01	822
네덜란드	0.81	380	0.8	424	0.82	388
뉴질랜드	0.27	76	0.3	81	0.29	72
노르웨이	0.95	787	0.88	826	1.06	841
포르투갈	0.22	46	0.27	60	0.23	49
스페인	0.37	114	0.45	149	0.46	141

스웨덴	0.93	473	0.98	511	1.12	486
스위스	0.37	223	0.42	265	0.47	296
영국	0.36	163	0.43	189	0.52	189
미국	0.16	72	0.19	88	0.2	93
DAC 회원국 평균	0.28	116	0.31	136	0.31	126

출처: OECD 「International Development Statistics Online DB」.통계청자료 재인용[143]

파리 각료급회의를 계기로 '혁신적 개발재원 리딩그룹(Leading Group on Solidarity Levies to fund development)'이 출범하였으며, 현재 관련 국제적 논의의 구심점으로 활동하고 있다.[144]

ODA에 대한 UN차원의 목표를 달성하기 위하여, EU는 2002년 선진국과 개발도상국간의 '몬테레이 컨센서스(Monterrey Consensus)'에 대한 EU 차원의 후속조치를 마련하였다. '몬테레이 컨센서스(Monterrey Consensus)'를 이행하기 위하여, EU는 2006년까지 GNI 대비 0.39%까지 ODA 제공을 늘리겠다는 중간목표치에 합의하였다. <표 5.2.1.-1>에 따르면 2009년에 이미 EU회원국 중 벨기에, 아일랜드, 스페인, 프랑스, 핀란드, 영국은 EU가 제시한 목표치를 달성하였고, 스웨덴, 덴마크, 네덜란드, 룩셈부르크는 UN이 제시한 목표치를 달성하였다.

2005년에 EU는 '몬테레이 컨센서스(MonterreyC onsensus)'를 이행을 위한 추가조치에 합의하였는데, 이에 따르면 기존의 EU회원국은 2015년까지 GNI 대비 0.7%까지 ODA 규모를 확대하고, 이를 달성하기 위한 중간단계의 목표치로 2010년까지 GNI대비 0.56%까지 ODA 규모를 확대해야한다. 2004년과 2007년에 가입한 12개 신

---

143) 통계청. http://www.index.go.kr/egams/stts/jsp/potal/stts/PO_STTS_IdxMain.jsp?idx_cd=1688

144) 외교부 http://www.odakorea.go.kr/html/support/multi_3.php?bid=b13

규 EU회원국에 관련해서는 2015년까지는 이들 국가들이 ODA제공을 GNI대비 0.33%까지 자발적으로 달성한다는 권고안과 그리고 2010년까지는 중간목표치로 이들 신규 EU회원국이 GNI대비 0.17%까지 ODA확대한다는 권고안을 제시하였다. 또한 몬테레이 컨센서스 관련 EU의 이행사항을 점검하기 위하여 EU집행위원회는 2003년 이후 연례보고서를 발간하고 있다.

(단위: 백만 유로)

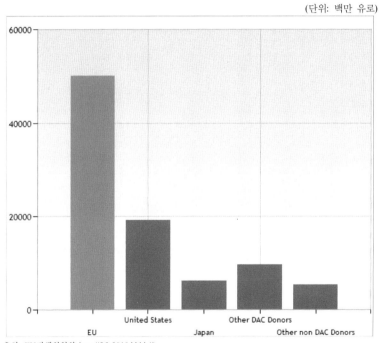

출처: EU집행위원회 http://fs2-2010.bbj.it/#

<그림 5.2.1.-1> 2008년 전 세계 총 ODA에서 차지하는 비중

규모의 측면에서 EU는 다른 국가와는 비교가 불가능할 정도로 대규모의 ODA를 제공하고 있다. <그림 5.2.1.-1>에 따르면 EU는 500억 유로를 지출하여 전 세계 총 ODA 지출의 55%를 담당하였다. 현재 유럽연합은 세계최대의 ODA 지원국으로써 전 세계의 공적개발원조를 주도하고 있다. EU에 이은 최대 ODA 공여국인 미국의 경우 ODA 규모에서 EU의 OECD DAC 회원국이 제공한 ODA 규모의 절반 이하 수준의 ODA를 제공했을 뿐이었다. 일본 ODA의 경우는 EU의 OECD DAC 회원국에 제공한 ODA의 1/7 수준을 제공한 것에 불과하였고, 한국의 경우는 1/81 수준에 불과할 뿐이다. 이와 같이 ODA 공여의 측면에서 EU는 타의 추종을 불허하고 있다.

EU의 ODA 지출규모의 중요성을 EU회원국 별로 보면 더욱 명확해진다. <그림 5.2.1.-2>에 따르면 인구규모에서 미국 전체 인구인 3억 1100만명보다 작은 프랑스(6500만명), 영국(6200만명), 독일(8200만명)의 ODA규모를 합한 것이 미국 전체 ODA지출을 초과한다. 일본은 1억 2천만명의 인구규모에도 불구하고 전체 ODA지출은 일본보다 인구가 작은 독일, 프랑스, 영국에 비해 훨씬 못 미치는 지출을 하였다.

(단위: 백만 유로)

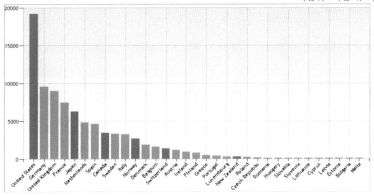

출처: EU집행위원회 http://fs2-2010.bbj.it/#

<그림 5.2.1.-1> 2008년 전 세계 총 ODA에서 차지하는 비중

'몬테레이 컨센서스(Monterrey Consensus)'에서 UN회원국은 선진국의 ODA 확대 뿐만아니라, 선진국이 개도국에 대한 지원 및 민간투자를 확대하고 무역장벽을 완화하는데 합의하였다. ODA 공여에서 세계 최대 비중을 차지하고 있는 EU는 개발도상국과의 개발협력분야에서 오랫동안 협력프로그램을 운용하며 관련분야의 경험을 축적하였다.

특히 EU국가들의 옛 식민지였던 ACP(African, Caribbean and Pacific Group of States: 아프리카, 카리브해, 태평양국가)국가들과 개발협력프로그램을 발전시켜왔다.

EU가 ACP국가들과 개발협력프로그램을 발전시킨 계기는 1957년 로마조약 체결까지 거슬러 올라간다. 유럽국가간의 공동시장 창출을 지향한 "로마조약" 체결당시 6개회원국 중 룩셈부르크를 제외한 나머지 회원국이 식민지를 갖고 있었다. 공산품의 판매지와 원료

공급지로서 이들 식민지가 필요했던 프랑스와 벨기에는 유럽공동체의 공통대외관세를 식민지 국가에 다른 외부 교역대상국과 똑같이 적용하는데 반대하였다. 프랑스와 벨기에는 다른 회원국을 설득하여 로마조약 3조 K항에 6개 유럽공동체 회원국과 이들 국가의 해외식민지 (the overseas countries)및 대외부속영토 (the overseas territories) 간의 무역을 확대하고 상호 경제-사회 발전을 증진하기 위해 "연합 (Association)"을 만든다는 규정을 포함하였다. 로마조약의 131조에서 136조에 해당하는 로마조약 4장의 제목은 "해외식민지와 대외부속영토와의 연합 (Association of the overseas countries and territories)이었고, 여기서 "연합 (Association)"에 관련한 세부규정이 명시되었다. 로마조약 133조는 이들 국가의 수출품에 대한 EU의 관세를 철폐하고, 이들 국가들도 EU국가로 부터의 수입품에 대한 관세를 점진적으로 철폐한다는 내용을 담고 있었다. 그러나 로마조약 133조에서 이들 국가들이 발전과 산업화, 재정수입에 필요하다면 EU상품에 대해 철폐한 관세를 다시 거둘 수 있다는 조항이 삽입되어 있었다. 이는 특정 개발도상국의 재정운용에서 관세가 차지하는 비중의 중요성을 감안한 것이다.

<표 5.2.1.-2> ACP 국가와 개발협력 프로그램

1963년	야운데 1차 협약 (Yaoundé Ⅰ)	베냉 – 부르키나파소 - 부룬디 - 카메룬 – 중앙아프리카 공화국 - 차드 – 콩고 (브라자빌) - 콩고 (킨샤사) - 코트디브아르 - 가봉 - 마다가스카르 - 말리 - 모리타니 - 니제르 - 르완다 - 세네갈 - 소말리아 - 토고
1969년	야운데 2차 협약 (Yaoundé Ⅱ)	케냐 - 탄자니아 - 우간다
1975년	로메 1차 협약 (Lomé Ⅰ)	바하마 - 바베이도스 - 보츠와나 - 에티오피아 - 피지 - 감비아 - 가봉 - 그레나다 - 기니 – 기니비사우 – 가이아나 - 자메이카 - 레소토 - 라이베리아 - 말라위 - 모리셔스 - 나이지리아 - 사모아 - 시에라리온 - 수단 – 스와질란드 - 통가 – 트리니다드 토바고 - 잠비아
1979년	로메 2차 협약 (Lomé Ⅱ)	카보베르데 - 코모로스 - 지부티 - 도미니카 - 키리바시 - 파푸아 뉴기니 – 세인트루시아 – 쌍토메프린시페 - 세이셸 – 솔로몬 군도 - 수리남 - 투발루
1984년	로메 3차 협약 (Lomé Ⅲ)	앙골라 – 안티구아 바부다 – 벨리즈 – 도미니카 공화국 - 모잠비크 - 세인트 킷츠 네비스 연방 - 세인트빈센트 그레나딘- 바누아투 - 짐바브웨Zimbabwe
1990년	로메 4차 협약 (Lomé Ⅳ)	적도 기니 - 아이티
1995년	로메 5차 협약 (Lomé Ⅴ)	에리트레아 - 나미비아 – 남아프리카 공화국
2000년	코토누 협약 (Cotonou)	쿡 제도 – 먀샬 군도 – 미크로네시아 연방공화국 - 나우루 - 니우에 – 팔라우

출처: EU집행위원회[145]

로마조약을 통해서 식민지 국가 및 대외부속영토에 무역특혜를 제공했던 유럽공동체는 또한 이들 국가에 개발원조금을 지원할 목적으로 "유럽개발기금(EDF: European Development Fund)"를 창설하였다. 이와 같이 EU의 과거식민지 국가 및 대외부속영토에 대한 자금지원과 무역정책은 로마조약이라는 같은 조약의 틀 안에서 시작되었다.

---

145) EU집행위원회. http://ec.europa.eu/europeaid/where/acp/overview/lome-convention/lomeevolution_en.htm

유럽공동체 회원국의 식민지가 독립함에 따라 로마조약으로는 이들 국가에 대한 무역특혜 및 개발원조금을 지급할 수 없게 되었고, 프랑스와 벨기에로부터 독립한 18개 국가들이 유럽공동체와 협상을 전개하여 1963년 야운데(Yaoundé) 1차 협약을 체결하였다. 야운데 협약을 통해 이들 국가는 유럽공동체 회원국 시장에 대한 접근성과 개발원조금 그리고 EDF와 유럽투자 은행(EIB: European Investment Bank)을 통한 자금지원을 보장받았다. 그러나 야운데 협약에서 과거 식민지 국가들은 공산품에 관련해서는 무관세로 유럽공동체 시장에 수출을 허락받았지만, 이들 국가의 주요 수출품이었던 농산물에 대한 혜택은 유럽공동체 국가의 농민보호를 이유로 엄격하게 제한되었다. 또한 공산품 수출의 무관세 혜택에 대한 반대급부로 유럽공동체 회원국의 수출에도 상응하는 특혜를 제공해야 하였다. 야운데 협약은 1969년에 케냐, 탄자니아, 우간다를 포함하여 확대되었다.

1973년 영국이 유럽공동체에 회원국으로 가입하자 영국의 과거 식민지 국가로 협약을 확대할 필요성이 제기되어, 1975년에 로메(Lomé) 협약이 체결되었다. 기존의 야운데협약이 상호호혜적 (reciprocal) 원칙 아래 무역특혜가 제공되어 과거 식민지국가가 유럽시장 접근을 위해 유럽공동체에 상응하는 시장개방을 했어야 되었던 것과는 달리, 로메협약은 유럽공동체 차원의 일방적인 (non-reciprocal) 특혜 제공 원칙이 적용되어, ACP 국가들의 상품이 유럽공동체 시장에서 무관세로 수입되지만 ACP국가들이 유럽공동체 국가에 무역특혜를 제공할지의 여부는 ACP국가의 결정에 맡기게 되었다. 또한 과거 식민지 국가들의 주요 수출품이 1차 생산품이라는 것을 고려하여 ACP 국가들에서 수출 농산물의 가격이 하락하거나 생산량이 감소할 때 ACP국가들에게 보상금을 지급하는 "농산물 소득 안정화제도

(STABEX: Stabilization of Export Earnings of Agricultural Products)"
를 실시하였다. ACP 국가들이 STABEX를 통해 지원금을 받을 수
있는 조건은 상품군이 ACP 국가 무역에서 최고 7.5% 이상(최빈곤
국, 내륙국가, 도서국가는 2.5%)을 차지하고 해당 상품의 수출 수입
이 4.5% (최빈곤국은 1%) 줄어들었을 때 가능하다. 1979년 체결된
2차 로메협약에서는 "광산물 보상 개발제도 (SYSMIN, System for
Safeguarding and Developing Mineral Production)"가 도입되었다.
SYSMIN을 받을 수 있는 조건은 특정 광물이 총수출에서 차지하는
비중이 15% 이상(최빈곤국, 내륙국, 도서국가 10% 이상), 광산물
생산량 또는 무역이 10%이상 감소한 경우이다.

　로메협약은 2000년 코토누(Cotonou) 협약으로 대체되었다. 코토
누 협약에서 가장 큰 변화를 가져온 것이 무역에 관련된 것이었다.
기존의 로메협약에서 보장된 ACP국가의 EU시장에 대한 특혜적 접
근은 1995년 WTO출범이후, WTO 규정에 맞게 개정이 되어야 했
다. 이를 위해 ACP국가들의 EU시장에 대한 특혜적 접근방식은 자
유무역협정으로 대체되어야 했으며 기존의 일반적인 무역특혜제도
는 2008년까지 존속되었다. 또한 코토누 협약을 통해 EDF 자금의
ACP 지원프로그램이 단순화되었고, 전통적인 경제개발에 대한 자금
지원뿐만 아니라 자연재해나 전쟁과 같은 인적재해에 대해서도 지
원이 가능하게 되었다.

　<그림 5.3.2.-3>에서 볼 수 있듯이 2008년 EU의 20대 ODA 수
원국 중 터키, 아프가니스탄, 가자지구, 중국, 인디아, 모로코, 베트
남, 방글라데시, 세르비아, 레바논를 제외한 절반 가량이 ACP국가
이다.

(2008년, 단위: 백만 유로, %)

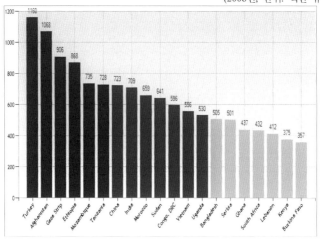

출처: EU집행위원회 http://fs2-2010.bbj.it/#

<그림 5.2.1.-3> EU ODA의 배분

출처: EU집행위원회 http://fs2-2010.bbj.it/#
Low: GNI 대비 ODA 비중 2%미만
Medium: GNI 대비 ODA 비중 2-10%
High: GNI 대비 ODA 비중 10% 이상
☆: EU ODA 비중이 50%를 넘으면서 GNI 대비 ODA 비중이 0.3%이상인 국가

<그림 5.2.1.-4> 수원국의 ODA의존도

또한 <그림 5.2.1.-4>에서도 볼 수 있듯이 ACP국가들의 대부분은 높은 EU ODA의존성(☆로 표시된 국가)을 보이고 있다.

대 EU 무역의존도에 있어서도, <그림 5.2.1.-5>에서 볼 수 있듯이, 코토누협정이 체결된 다음 해인 2001년 대부분의 ACP국가는 EU에 대해 높은 무역의존도를 보였다. 그러나 <그림 5.2.1.-6>에서 볼 수 있듯이, 2008년 이후 ACP국가에 대한 일방적인 무역특혜의 중지에 따라, 다른 개발도상국과 EU와의 무역이 발전하였고 ACP국가의 대 EU무역의존도는 감소추세에 있다. 이를 통해 ACP국가에서 EU의 기존 특혜무역협정이 얼마나 중요한 역할의 중요성을 하였는지를 가늠할 수 있다.

(2001년)

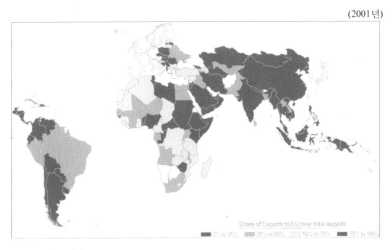

출처: EU집행위원회 http://fs2-2010.bbj.it/#

<그림 5.2.1.-5> 전체 수출에서 대 EU 수출의존도

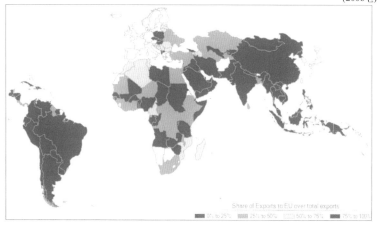

출처: EU집행위원회 http://fs2-2010.bbj.it/#

<그림 5.2.1.-6> 전체 수출에서 대 EU 수출의존도

이처럼 EU와 ACP 국가의 관계에서 보았을 때, 2008년 이후 EU의 ACP국가에 대한 일방적인 무역특혜가 중지될 때까지, EU의 개발협력정책과 무역정책은 같은 협정의 틀에서 실행되며 보완관계에 있었고, 이를 통해 ACP국가는 EU로부터 무역특혜를 통한 시장접근성을 확보하였고, EDF나 EIB를 통해 개발원조금을 지원받을 수 있었다.

ACP국가를 제외한 다른 국가의 EU의 개발협력정책과 EU의 무역정책은 상호 모순된 측면이 컸다.

ACP국가의 경우 제한적이지만 농산품 수출에 대해 EU 시장에 대해 무관세로 접근할 수 있었고, "농산물 소득 안정화제도 (STABEX: Stabilization of Export Earnings of Agricultural Products)"와 "광산물 보상 개발제도 (SYSMIN, System for Safeguarding and Developing

Mineral Production)"를 통해 농산물 및 광산물 수출에서 손해가 발생할 경우 제한적이지만 EU로부터 자금을 지원 받을 수도 있었다. 그러나 이와 관계가 없는 다른 개발도상국의 경우 ACP국가와 대 EU수출품이 겹칠 경우 역차별을 당하는 사례가 발생하였다.

이와 같은 역차별의 대표적인 사례가 바나나 분쟁이다. 바나나 분쟁은 1차적으로 EU와 비-ACP 국가의 문제이지만, 배후에는 비-ACP 국가 특히 라틴아메리카 국가에서 미국기업의 플랜테이션 이익이 침해된 사항이 있었고, 미국이 EU와 라틴아메리카 무역분쟁에 적극 개입하였다. 물론 핵심적인 분쟁당사가 미국과 EU이지만 결국 라틴 아메리카 바나나의 EU수출에 제약이 생기면 미국기업 뿐만아니라 라틴아메리카 현지 농업도 타격을 받게 된다. 미국 등 강대국이 개입되지 않은 현지 농업의 정확한 피해도를 측정하는 작업이 매우 중요하지만 현재 가장 용이하게 자료를 구할 수 있는 분야가 바나나 무역이어서 본 원고에서는 이를 다루도록 한다.

<표 5.2.1.-3>에서 볼 수 있듯이, EU는 전 세계 최대의 바나나 수입지역이다. 2008년의 경우 수입액 기준으로 전 세계 바나나 수입의 49%가 EU시장에서 이루어졌다.

따라서 EU시장이 바나나 생산국에 지니는 의미는 매우 크다고 할 수 있다. EU가 1957년 공동대외관세를 적용하여 공동시장 창출을 목표로 하였던 1957년 로마조약에서 바나나 시장은 예외로 존재하였다. 따라서 유럽공동체 회원국은 각국별로 자율적으로 바나나에 수입관세를 설정할 수 있었다. 독일의 경우 유럽공동체 바나나 수입의 1/3을 점할 정도로 규모가 큰 시장이었고, 바나나 수입량의 대부분을 라틴아메리카국가로부터 들여왔으며, 이들 국가와 바나나 무관세 수입을 허용하는 특별협정을 체결하고 있었다.

<표 5.2.1.-3> 전 세계 바나나 수입통계

년도	수입액 (백만 US$)				전 세계 무역에서 비중 (%)	
	2005	2006	2007	2008	2005	2008
세계	6317	6607	7483	8812	100	100
EU27	3109	3217	3770	4338	49	49
미국	1134	1201	1225	1373	18	16
일본	591	565	582	830	9	9
러시아	449	482	587	671	7	8
캐나다	203	223	237	312	3	4

출처: WTO http://www.wto.org/english/news_e/pres09_e/pr591_e.htm

1992년 2월 7일 마스트리히트 조약 체결이후 EU내의 단일시장을 완결하려는 노력에 따라, 바나나 시장에 대해 1993년 7월 1일부로 공동대외관세를 적용하기로 1992년 12월 17일 EU 각료이사회에서 결정하였다. 이에 따라 로마조약 이후 EU측에 무관세로 수입되는 ACP 지역의 바나나와는 달리, 1993년 이전에 제한적이지만 일부 회원국의 정책에 따라 무관세로도 수입될 수 있었던 라틴아메리카 바나나는 마스트리히트 조약 비준이후 EU시장에 수출될 때 반드시 관세를 지불해야 했다. 이는 라틴아메리카 바나나의 가격경쟁력을 약화시켰다. 이에 따라 남미 5개국(콜롬비아, 코스타리카, 과테말라, 니카라과, 베네수엘라)은 바나나에 대한 EU측의 20% 관세를 1961년 딜런라운드 및 GATT 관련규정 위반이라고 GATT에 제소하였다. 남미 5개국의 제소에 따라 구성된 GATT 심사위원회(Panel)에서 EU의 바나나 무역체제가 GATT 규정위반이라는 판단이 내려졌다.

그러나 EU에서 개선조치가 이루어지지 않자, 1996년에 WTO 분쟁조정기구[146)를 통해 에콰도르, 과테말라, 온두라스, 멕시코가 EU

를 다시 제소하였다. 1997년 9월 WTO는 EU의 바나나 무역체제가 WTO 규정위반이라고 판결하였다. 라틴아메리카에서 바나나 플랜테이션을 미국계 다국적기업이 많이 운영하고 있었기 때문에 1999년에는 미국이 WTO에 EU 바나나 수입문제에 관련하여 보복관세 부과 승인을 요청하였다. 이에 WTO는 미국에 1억 9140만 달러의 보복관세를 승인하였다. 결국 2000년에 EU각료이사회는 2006년부터 바나나 수입에 단일관세제도를 도입하여, 라틴아메리카의 바나나에 차별을 시정할 것을 결의하였다.

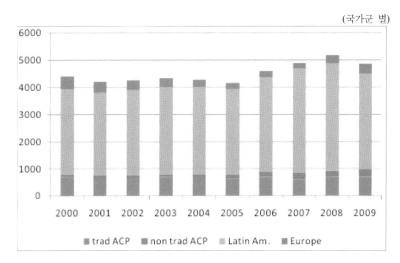

(국가군 별)

출처: 유럽의회
http://www.europarl.europa.eu/activities/committees/studies/download.do?language=en&file=34135
　(검색일: 2011.5.15.)
　* trad ACP: 코트디브아르, 카메룬, 수리남, 소말리아, 자메이카, 세인트루시아, 세인트빈센트 그레나
　　 딘, 도미니카, 벨리즈, 카보베르데, 그레나다, 마다가스카르
　** non trad ACP: trad ACP가 아닌 ACP 회원국
　*** Europe: EU국가의 식민지 및 해외부속영토 생산 바나나

<그림 5.2.1.-7> EU 바나나 시장점유율

146) WTO가 GATT를 대신하여 1995년에 설립됨

EU집행위원회에 따르면, 현재 EU는 바나나 수입의 20%를 ACP국가로부터, 80%를 라틴아메리카 국가로부터 수입을 하고 있다.[147)

그러나 UN무역개발회의의 통계에 따르면 ACP국가는 전 세계 바나나 수출에서 단지 6.3%만을 점하고 있을 뿐이다.[148) 이는 EU시장에 ACP국가에서 생산된 바나나가 인위적으로 많이 수입되고 있음을 보여주고 있다. <그림 5.2.1.-7>에서 볼 수 있듯이, 단일관세제도가 도입되어 ACP국가와 차별이 조금이나마 개선된 2006년 이후 EU시장에서 라틴아메리카 바나나의 시장점유율은 비약적으로 증가하였다. 이는 이전에 ACP국가에 대한 특혜로 EU의 바나나 시장이 왜곡되어 있었음을 의미한다. 다시 말해, EU 무역정책에 의한 무역질서 왜곡으로 EU로 무역특혜를 받는 개발도상국과 상품수출에서 경쟁관계에 있는 다른 개발도상국은 EU로 상품수출에서 피해를 입었던 것이다.

ACP국가에 대한 무역특혜보다 EU의 무역정책에서 전 세계 개발도상국의 경제발전에 가장 저해가 되는 것은 농업분야에서 EU의 보호무역주의이다.

---

147) "EU 집행위원회", http://ec.europa.eu/agriculture/developing-countries/commodities/index_en.htm
148) "UN 무역개발회의", http://www.unctad.org/infocomm/francais/banane/doc/SUGARreport.pdf

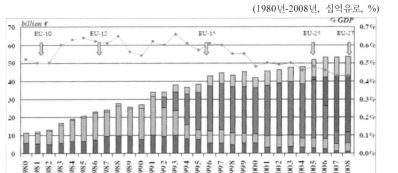

출처: the Institute for International Integration Studies at Trinity College Dublin[149]

<그림 5.2.1.-8> EU 농업보조금 현황

이는 개발도상국의 주요 수출품이 농산물이지만, 관련 분야에서 EU는 막대한 보조금 지급을 통해 시장을 왜곡하여 개발도상국 농산물 수출에 제약을 가하고 있기 때문이다.

<그림 5.2.1.-8>에서 볼 수 있듯이 EU의 농업보조금은 비록 EU GDP 비중에서 지속적으로 감소하였지만 금액의 측면에서 1980년 이후 큰 폭으로 증가하였다.

EU를 포함한 선진국의 농업보조금은 관련 선진국 농산물의 가격 경쟁력을 인위적으로 개선시키기 때문에, 농산물을 수출하는 개발도상국의 원성의 대상이었고, 따라서 2001년 출범한 도하라운드의 중요쟁점 중 하나가 되었다. 도하라운드의 농업분야의 3대과제는 시장 접근의 실질적 개선, 국내보조금의 실질적 감축, 농산물 수출보조금

---

149) "EU 농업보조금 현황". http://www.tcd.ie/iiis/policycoherence/eu-agricultural-policy/protection-measures.php

의 점진적 폐지였다.

2001년 세계무역 구조의 개선을 목적으로 의욕적으로 출범한 도하라운드는 세계경제의 양대 거인인 미국과 EU가 견해차이로 대립하다가 결렬되었다. 농업보조금 개혁에 관련하여 개발도상국의 압력을 받고 있었던 EU와 미국은 책임있는 개선안을 내놓기보다는 끝까지 책임을 떠넘기기에 급급했다. 2006년 6월, EU 통상담당 집행위원인 피터 만델슨(Peter Mandelson)은 미국에 농업보조금 삭감에 관련하여 개선된 안을 내놓을 것을 요구하였고 미국이 이 제안을 받아들이면, EU 역시 개선안을 내놓을 것이라고 선언하였다. 그러나, 2006년 7월 23일 미국은 피터 만델슨(Peter Mandelson)의 제안을 거부하였다. 결국, 2006년 7월 28일, 세계무역기구 일반이사회(General Council)는 도하라운드의 협상전체를 중단한다고 결정하였다. 파스칼 라미(Pascal Lamy) 세계무역기구 사무총장은 공식적으로 "우리가 절망적인 상황에 다다랐다"라고 언급하였다.[150]

도하라운드 협상이 중단되자 EU는 협상 결렬의 책임이 미국에 있다며 맹비난하였다. 반면에 미국은 EU측이 내놓은 안이 농업시장에 대한 접근수준이 낮아 의미가 없는 것이었다고 EU의 비난을 반박하였다.

---

150) "세계무역기구", http://www.wto.org/french/news_f/news06_f/tnc_dg_stat_24july06_f.htm

<표 5.2.1.-4> EU 공동농업정책 지출

(단위: 유로)

항목	년도	할당	집행
직접지원금*	2010년	39 273 000 000	39 273 000 000
	2009년	37 779 000 000	37 779 000 000
	2008년	37 568 576 802	37 568 576 802
총액	2010년	57 780 438 369	56 776 956 322
	2009년	54 893 209 448	49 160 644 085
	2008년	57 905 344 326	53 808 511 263

출처: EUR-LEX[151]
* 직접지원금에는 "생산과 연계되지 않은 지원금 (Decoupled payment)"이 포함

농업보조금 문제로 도하라운드가 결렬된 이후에도 EU는 농업보조금 제도에 대한 반성이 없이, <표 5.2.1.-4>에서 볼 수 있듯이 2008년부터 2010년 사이에, EU의 공동농업정책 보조금 중 농민에게 직접 지원되는 직접지원금을 확대하였다.

EU의 농업정책은 여러 측면에서 개발도상국의 농업에 부정적 영향을 줄 수 있다. 우선 EU의 농업보조금은 세계시장가격에 영향을 미칠 수 있다. EU의 수출보조금, 관세장벽 및 국내보조금은 EU농산물의 세계시장가격을 낮추는 역할을 하고 이를 통해 개발도상국 농산물의 경쟁력을 약화시킬 수 있다.[152]

물론 EU는 2003년 공동농업정책 개혁을 통해 농업보조금 구조에서 "생산과 연계되지 않은 지원금 (Decoupled payment)"를 도입하여 이를 확대하였고, 2009년에는 EU농가 직접보조금의 87%가 "생산과 연계되지 않은 지원금 (Decoupled payment)" 형태로 지급되었다.[153]

---

151) "EU 공동농업정책 지출". http://eur-lex.europa.eu/budget/data/D2010_VOL4/EN/nmc-titleN123A5/index.html

152) "아일랜드 트리니티 컬리지 EU공동농업정책 분석자료",http://www.tcd.ie/iiis/policycoherence/eu-agricultural-policy/protection-measures.php

이는 생산과 연계된 직접 연계된 EU의 기존 보조금 정책이 EU농민의 생산과잉을 불러일으켜 세계 시장에서 해당 농작물의 가격하락을 유도하여, 제 3세계 농민에 피해를 끼칠 수 있다는 우려에서 도입되었다. "생산과 연계되지 않은 지원금" 지급방식으로 농민이 과잉생산의 필요성을 느끼지 않게 되며 이를 통해 세계시장 가격의 왜곡을 최소화할 수 있다는 것이 EU의 판단이었다. <표 5.2.1.-5>에서 볼 수 있듯이, "생산과 연계되지 않은 지원금 (Decoupled payment)"이 2003년부터 도입되기 시작하여 2012년부터는 프리미엄 염소와 양, 송아지에게 젖을 먹이는 용도로 키우는 프리미엄 암소를 제외한 모든 농산물에 관련한 보조금이 생산과 연계되지 않은 농업보조금의 형태로 지급될 예정이다.

그러나 UN 천년개발목표(MDGs: Millennium Development Goals)를 달성하기 위한 '유엔 밀레니엄 캠페인 유럽지부'의 보고서[154]는 EU내에서도 소수의 부유한 농민에게 보조금이 집중되는 EU의 공동농업정책을 비판하면서, EU가 도입하고 있는 "생산과 연계되지 않은 지원금" 방식의 지원 역시 생산자의 위험성을 감소시키고 미래 지원에 대한 기대를 양성하기 때문에 과잉생산을 초래할 수 있고 이는 개발도상국 농민의 이익을 침해한다고 지적하고 있다.

또한 EU의 개발도상국의 농산물에 대한 비관세 장벽은 개발도상국 농산물의 EU시장 진입비용을 상승시켜서 개발도상국의 소규모 농가가 생산물을 EU에 수출하는데 제한을 받게 된다.

---

153) "EU 집행위원회", http://ec.europa.eu/agriculture/events/zagreb2009/ivan_en.pdf
154) "UN 밀레니엄 캠페인 유럽지부", http://endpoverty2015.org/files/Brochure%20CAP.pdf

<표 5.2.1.-5> EU의 "생산과 연계되지 않은 농업보조금
(Decoupled payment)" 도입일정

도입연도	품목
2003년	생산과 연계되지 않은 농업보조금 (Decoupled payment) 도입
2004년	담배, 호프, 올리브유, 면화
2005년	설탕
2006년	바나나
2007년	과일, 채소
2008년	와인
...	....
2012년	프리미엄 염소와 양, 송아지에게 젖을 먹이는 용도로 키우는 프리미엄 암소를 제외한 모든 농산물

출처: EU집행위원회[155]

EU는 2008년 ODA로 500억유로를 집행하였지만, <표 5.2.1.-4>
에 따르면 이 보다 더 큰 규모의 공동농업정책보조금을 할당(579억
유로), 집행(538억 유로)하였다. 이는 EU가 전 세계 차원에서 ODA
를 제공한 액수보다 훨씬 큰 규모로 농업분야에서 보조금을 집행하
여, 전 세계 농산물 교역시장을 왜곡하고 있다는 것이다. 당연히 EU
가 농업분야에서 보조금을 계속 지급하는 상황에서 농산물을 수출
하는 개발도상국은 피해를 볼 수 밖에서 없다. OFFAM의 보고서는
EU농업보조금으로 개발도상국의 농업이 피해를 입은 사항을 구체
적으로 언급하였다. 보고서에 따르면, EU의 설탕생산에 대한 농업
보조금으로 EU는 세계 제 2의 설탕 수출지역이 되었으며, 모잠비크
의 설탕산업은 설탕수출에서 경쟁력을 잃어 17,000명 이상의 고용
감소 효과를 가져왔다. 또한 EU의 낙농제품에 대한 보조금 지급은
자메이카에서 낙농업을 고사시켰다. 이와 같이, EU 농업보조금 지

---

155) http://ec.europa.eu/agriculture/events/zagreb2009/ivan_en.pdf

급으로 인해, 세계시장에서 농산품 수출의 경쟁력을 잃은 모든 국가들이 EU 농업보조금 지급의 피해국가이다.

EU는 전 세계 ODA 지출의 55%를 차지할 정도로 최대 규모의 ODA를 개발도상국에 제공하고 있다. 또한 규모뿐만 아니라 ODA 경험의 측면에서도 EU는 1963년 야운데 협약이후 EU의 식민지 국가였던 ACP국가에 대한 경제개발협력 프로그램을 운용하면서 경험을 축적하였다. 또한 ACP국가에 대한 개발협력정책은 ACP 국가에 대한 유럽공동체 무역정책과 상호보완적으로 진행되었다. 그 대표적인 예가 로메조약에 의해 유럽공동체 차원의 일방적인 (non-reciprocal) 특혜제공 원칙이 적용되어, ACP 국가들의 상품이 유럽공동체 시장에서 무관세로 수입되고 ACP국가들에서 수출 농산물의 가격이 하락하거나 생산량이 감소할 때 ACP국가들에게 보상금을 지급하는 "농산물 소득 안정화제도 (STABEX: Stabilization of Export Earnings of Agricultural Products)"와 "광산물 보상 개발제도 (SYSMIN, System for Safeguarding and Developing Mineral Production)"가 도입된 것을 들 수 있다.

그러나 다른 한 편에서 EU의 ODA 정책은 EU의 무역정책과 상호 모순적인 측면을 드러내기도 하였는데, 이는 ACP국가에 대한 EU의 무역특혜는 결국 혜택을 받지 못하는 다른 개발도상국이 EU 시장에서 차별을 받는 문제점을 드러내었다. 대표적인 사례가 EU와 라틴아메리카 국가 간의 바나나 분쟁이었다. 물론 바나나 분쟁의 경우 EU와 비-ACP국가 이외에도, 비-ACP국가에서 플랜테이션 농업을 운영하고 있는 미국의 이해관계가 개입되어 있는 측면도 간과할 수 없었지만, 1차적으로 피해를 입는 국가가 비-ACP 라틴아메리카 국가들이었기에 본 원고는 이 문제를 다루었다.

EU무역정책이 EU ODA 정책과 배치되는 가장 중요한 사례는 선진국의 농업보조금 문제에서 생긴 입장차이 때문에 도하라운드가 결렬된 것이다. 선진국의 농업보조금은 개발도상국의 농산물의 가격 경쟁력을 약화시켜 시장질서의 왜곡을 가져왔고, 이에 대한 개발도상국의 시정요구로 선진국의 농업보조금 -국내보조금, 수출보조금- 문제는 도하라운드 협상의 중요쟁점이 되었다. 그러나 미국과 EU의 견해차는 도하라운드가 결렬되는데 결정적인 역할을 하였다. 그리고 농업보조금 문제로 도하라운드가 결렬되었지만, EU의 농업보조금 특히 직접보조금은 증가추세에 있다.

결국 EU는 ACP국가와의 경제개발협력 프로그램 운영을 통해 개발도상국에 선진국이 시장접근성을 보장해 주는 것이 이들 국가의 경제발전에 중요한 역할을 한다는 것을 이해하고 있으면서도, EU농민의 이해가 걸린 농업분야의 보조금 및 관세문제에 대해서 개선조치를 매우 더디게 진행하고 있다.

반면에 GATT와 WTO로 세계무역질서가 발전하면서 선진국이 경쟁력을 가진 공산품에 대한 관세인하는 GATT와 WTO의 개발도상국 회원국에도 빠른 속도로 강제되었다. WTO규정에 따라, 공산품 분야에서 개발도상국이 자국기업에 보조금을 지급하는 것은 매우 제한되어 있다. 이는 EU를 포함한 선진국이 자국의 농민에게 보조금을 지급하는 것에 제약을 크게 받지 않는 것과 대비되는 일이다.

5.2.2. 도하라운드의 실패

세계교역에서 공산품 수출국에 비해 차별은 받은 개발도상국 중심의 농산품 수출국을 위한 공정한 무역환경을 마련하기 위한 것이

도하라운드 (DDA: 도하개발아젠다)의 의제의 하나였다.

2001년 도하에서 개최된 제 4차 WTO 각료회의에서 시작된 도하라운드는 세계무역 자유화의 확산을 목표로 하였다. 도하라운드의 협상의제는 (1)농산물, 농산물을 제외한 나머지 상품(공산품 및 임수산물), 서비스 시장의 개방과, (2)반덤핑, 보조금, 지역협정, 분쟁해결에 대한 기존 WTO 협정의 개선, 그리고 (3)관세행정의 개선 등을 추구하는 무역원활화, 환경, 개발 그리고 지적재산권 등 크게 세 그룹으로 나뉘어졌다.156)

149개 WTO 회원국이 참여한 전 세계 차원의 협상은 출발은 원대하였지만 선진국의 농업보조금 문제는 결국 도하라운드의 실패를 가져왔다. 개발도상국이 선진국에 비해 경쟁력이 있는 농산품 교역에서 선진국의 관세인하와 농업보조금 지급철폐를 협의했지만, EU와 미국 등 선진국은 양보를 하지 않았다.

선진국들이 농산물 시장 개방에 전혀 양보를 하지 않으면서 도하라운드는 위기에 직면하였고, 2006년 6얼 EU 무역담당 집행위원인 피터 만델슨(Peter Mandelson)은 미국에 농업보조금 삭감에 관련하여 개선안을 제출할 것을 요구하였다. 그리고 피터 만델슨은 미국이 개선안을 제시하면, EU 역시 농업보조금 삭감분야에서 개선안을 내놓을 것이라고 선언하였다. 그러나 2006년 7월 23일 미국정부는 피터 만델슨(Peter Mandelson)의 제안을 거부하였고 도하라운드는 더 이상 협상에 진전이 이루어질 수 없었다.157)

결국, 2006년 7월 28일, 세계무역기구 일반이사회 (General

---

156) 외교부. "DDA개요". http://wtodda.mofa.go.kr/dda.php

157) 도하라운드 결렬에 대한 부분은 다음의 논문인용.
    안상욱, "EU의 동아시아 정책 및 무역정책 변화와 한-EU FTA," 『유럽연구』, 제 28권 제 2호, 2010년, pp.364-365.

Council)는 도하라운드의 협상전체를 중단한다고 결정하였다. 파스칼 라미(Pascal Lamy) WTO 사무총장은 "우리가 절망적인 상황에 다다랐다"라고 언급하며 도하라운드 협상중단을 공식화하였다.[158] 이후 도하라운드 협상이 다시 재개되었지만 도하라운드 협상이 개시된 지 17년이 지난 현재 어떤한 WTO회원국도 도하라운드 타결을 낙관하고 있지 않다.

5.3. 선진국에서의 산업생산 이전문제[159]

세계화가 진전되고 제품생산과 판매에 대한 국경이 사라지면서, 다국적 기업들은 전 세계에 생산기지를 만들어서 제품을 생산하고 있다. 그리고 유럽의 경우, 2004년과 2007년 중동부유럽 국가들을 EU가 대거 회원국으로 받아들이면서, 중동부유럽 국가들은 EU공동시장의 혜택을 얻게 되었고, 저임금 등의 혜택을 얻을 수 있는 중동부 유럽의 EU신규회원국으로 다국적기업의 생산기지가 이전되기 시작하였다.

생산기지 이전이 발생하고 있는 중동부유럽 국가들은 제 2차 세계대전 이후 2004년과 2007년에 EU에 가입한 국가들이다. 이들 국가는 냉전기간 동안, 이식된 사회주의 질서 때문에 공산권 경제공동체인 COMECON을 중심으로 교역이 이루어져 왔었다. 그리고 체코와 헝가리의 경우 제 2차 세계대전 전까지 유럽 내의 고도 산업국

---

158) "세계무역기구," http://www.wto.org/french/news_f/news06_f/tnc_dg_stat_24july06_f.htm
159) [5.3. 선진국에서 산업생산 이전문제] 는 다음의 논문을 재구성하였다.
  안상욱. 「다국적기업의 중동부유럽 이전: 자동차 산업의 경우를 중심으로」, 『유럽연구』 32권 3호 (2014), pp. 85-107.

이었지만, 공산화기간 동안 산업경쟁력도 약화되었다. 그러나 동유럽 공산주의 진영의 붕괴되고 중동부 유럽국가의 EU가입이 실현 된 이후, 이들 국가의 EU 역내 교역의존성은 폭발적으로 증대하였다. 또한 서유럽 EU국가의 중동부 유럽국가에 대한 투자가 큰 폭으로 증대하였다.

서유럽에 위치한 다국적 기업들의 생산기지들이 지속적으로 중동부유럽 국가로 이전을 하면서 EU 산업구조에 변화가 발생하고 있다. 특히 자동차 산업이 대표적인 예이다. 전 세계 차원에서 자동차 산업의 생산기지가 신흥 산업국으로 생산기지 다각화가 이루어지고 있는 자동차 산업의 환경에서, 이탈리아, 프랑스와 같은 서유럽의 다국적 자동차기업들은 자국의 자동차 생산을 줄이면서 중동부유럽 국가들로 생산기지를 이전하였다. 그러한 결과로 EU 가입 이전에 자동차 설비공장이 거의 없던 슬로바키아의 경우는 현재 인구1인당 자동차 생산대수가 전 세계에서 가장 많은 국가로 변화하면서 자동차 산업이 국가의 중요 산업으로 자리매김하게 되었다.

기존의 월러스타인의 "세계체제론" 혹은 바라바시 등의 네트워크 이론에서 중심부(Core) 또는 허브(Hub)에 의한 지배구조의 연속성에 대해 주장했던 것과는 상반되는 상황이 전개되고 있는 것이다.

EU통합이후 서유럽에서 중동부유럽 국가로의 생산기지 이전이 급속하게 발생하고 있다. 특히 자동차산업은 완제품이 다른 제품의 중간재로 사용되지 않기 때문에 생산통계가 비교적 명확하게 추출될 수 있어, 서유럽국가에서 중동부유럽국가로 생산기지가 이전하여 다국적 자동차기업의 GVC에 편입되어 중요한 역할을 담당하고 있는 상황에 대해 보다 명확한 정보를 제공하고 있다.

글로벌 가치사슬(Global Value Chain)은 상품의 기획, 생산, 판매에 이르는 가치사슬(value chain)의 전 과정이 전 세계적 차원에서 이루어지는 것을 의미한다.[160] GVC는 기업간 경쟁이 심화되고, 정보통신기술과 운송수단이 발달되고, 무역자유화를 통해서 한 국가에서 생산된 상품이 전 세계 차원에서 판매되는데 용이하기 때문에 발달이 가능하게 되었다.

이와 같은 GVC의 확산으로 기존의 국가 간 무역의 형태에 큰 변화가 발생하게 되었다. 한 국가의 기업 내에서 이루어졌던 생산활동이 해외 생산기지 설립을 통해 이전(오프쇼어링)되거나, 해외의 하청기업으로 외주화(아웃소싱)되고 있다.[161]

이와 같은 생산방식의 변화로 인해서 대부분의 완제품이 다른 나라에서 생산된 부품 등의 중간재를 생산에 사용하게 되어 다음의 변화가 일어나게 되었다.

첫째, 생산을 위한 수입의 증가이다. 생산을 위한 원료나 서비스 등 중간재, 자본재, 기술의 수입이 여기에 포함된다. 둘째, 수출을 위한 수입의 증가이다. 수출용 제품의 생산에 필요한 중간재의 수입이 여기에 해당한다. 마지막으로 재수입(재수출)이 있다. 해외 가공을 위해 중간재를 수출한 뒤 최종조립을 위해 이를 재수입하는 경우가 여기에 해당한다. 제조업 생산에서 수입중간재의 기여도는 GVC의 확산이나 생산과정 수직 분할의 가장 적절한 지표로 간주된다.[162]

---

160) Gereffi, Gary, "International trade and industrial upgrading in the apparel commodity chain," *Journal of International Economics*, Vol. 48 (1999), pp. 37-70.

161) 김계환, "글로벌 가치사슬로 본 선진국의 제조업 경쟁력," 『KIET산업경제』 (2014년 6월). p. 30.

162) 김계환, "글로벌 가치사슬로 본 선진국의 제조업 경쟁력," 『KIET산업경제』 (2014년 6월). p. 31.

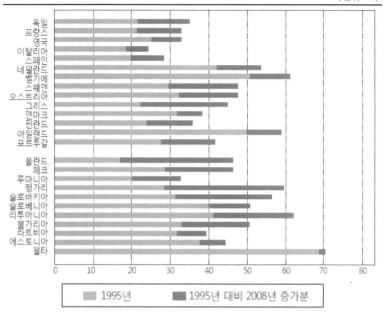

출처: Timmer, M. P., B. Los, R. Stehrer, G. J. de Vries, "Fragmentation, Incomes, and Jobs: An Analysis of European Competitiveness," Economic Policy, Vol. 28, No.76 (2013), p. 633.[163]

<그림 5.3.-1> 유럽 국별 제조업 중간재 투입에서 수입중간재 비중

<그림 5.3.-1>은 제조업 중간재 투입에서 수입중간재의 비중 변화를 보여준다. 유럽국가에서 수입중간재가 중간재 투입에서 차지하는 비중은 큰 폭으로 증가하였다. 특히, 폴란드, 체코, 헝가리, 슬로바키아에서 비약적으로 증가하였다. 이는 이들 국가의 경제가 GVC에 대한 급속한 편입을 보여주는 것이다.

이와 같은 중동부 유럽국가의 다국적기업 GVC편입과 함께 EU내 생산질서에 큰 변동이 발생하고 있다. 특히 자동차 산업이 대표적인

---

163) *Ibid.*, p. 31. 재인용

예이다. 이탈리아, 프랑스와 같은 서유럽의 다국적 자동차기업들은 자국의 자동차 생산을 줄이면서 중동부유럽 국가들로 생산기지를 이전하였다. 다국적 자동차기업이 중동부유럽 국가들로 이전한데에 는 여러요인들이 존재한다.

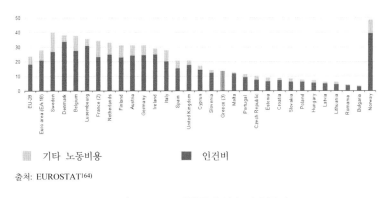

출처: EUROSTAT[164]

<그림 5.3.-2> EU회원국의 시간 당 인건비

가장 중요한 요인 중 하나는 2004년과 2007년에 걸친 중동부유럽 국가의 EU가입으로 이들 국가가 EU단일시장의 혜택을 보게 되었 다는 점이다. 다른 중요한 요인은 서유럽과 중동부유럽국가 간의 임 금격차이다. 그림2에서 볼 수 있듯이 서유럽국가의 인건비가 중동부 유럽국가에 비해 월등히 높기 때문에, 기업들은 중동부유럽국가로 이전을 통해 생산비용 감소를 추구할 수 있다.

---

164) "EUROSTAT의 시간 당 인건비 통계자료," http://epp.eurostat.ec.europa.eu/statistics_explained/ index.php/Wages_and_labour_costs

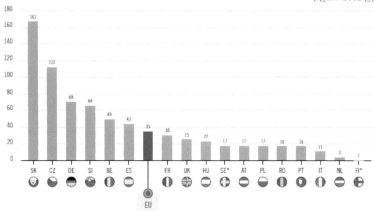

출처: 유럽자동차공업협회(ACEA)[165]

<그림 5.3.-3> 인구 1000명당 자동차 생산

이와 같은 이유들로 덕분에, EU 가입 이전에 자동차 설비공장이 거의 없던 슬로바키아의 경우는 현재 인구1인당 자동차 생산대수가 전 세계에서 가장 많은 국가로 변화하면서 자동차 산업이 국가의 중요 산업으로 자리매김하게 되었다. <그림 5.3.-3>에 따르면 슬로바키아와 체코의 인구 1000명당 자동차 생산대수는 167대와 112대로 69대인 독일을 크게 상회하고 있다. 반면에 전통적인 자동차 생산 강국이었던 프랑스와 이탈리아에서의 자동차생산은 인구 1000명당 30대와 11대 수준으로 감소하였다.

---

165) "유럽자동차공업협회(ACEA: Association des Constructeurs Européens d'Automobiles, European Automobiles Manufacturers Association)의 인구 1000명당 자동차 생산현황 통계자료," http://www.acea.be/statistics/tag/category/per-capita-production

<표 5.3.-1> 세계 승용차 생산

(1980년-2012년)

	1980	1990	2000	2008	2012
유럽	11,983,548	15,231,409	17,407,047	18,381,339	17,382,025
서유럽	10,401,320	13,061,853	14,778,879	12,849,218	11,331,076
독일	3,520,934	4,660,657	5,131,918	5,532,030	5,388,456
벨기에	882,001	1,160,412	912,233	680,131	507,204
스페인	1,028,813	1,679,301	2,366,359	1,943,049	1,539,680
프랑스	2,938,581	3,294,815	2,879,810	2,145,935	1,682,814
이탈리아	1,445,221	1,874,672	1,422,284	659,221	396,817
네덜란드	80,779	121,300	215,085	59,223	28,000
포르투갈	61,000	60,221	178,509	132,242	115,735
영국	923,744	1,295,611	1,641,452	1,446,619	1,464,906
스웨덴	235,320	335,853	259,959	252,287	162,814
중동부유럽	1,582,228	2,002,000	2,330,692	4,910,554	5,474,289
터키	31,529	167,556	297,476	621,567	576,660

출처: CCFA[166]

<표 5.3.-1>은 프랑스 자동차생산자 협회의 "세계 승용차 생산 통계이다." 표1에 따르면, 유럽에서 승용차 생산은 1980년부터 2012년까지 2008년 세계금융위기 다음 해인 2009년을 제외하고는 꾸준히 증가하였다. 그러나 이를 지역별, 국가별로 분석하면, 상반된 경향성이 존재한다는 것을 알 수 있다. 우선 중동부유럽에서 승용차생산은 꾸준히 증가하였지만, 서유럽국가에서 자동차생산은 2000년을 정점으로 감소하였다. 그러나 같은 서유럽국가 중에서 독일과 영국, 스페인에서 자동차 생산은 증가하였지만, 전통적인 자동차 생산 강국이었던 프랑스와 이탈리아에서의 자동차 생산은 큰 폭으로 감소

---

166) "프랑스 자동차생산자 협회(CCFA: Comité des Constructeurs Français d'Automobiles, French Automobile Manufacturers Committee)의 세계 승용차 생산 통계자료," http://www.ccfa.fr/IMG/pdf/ccfa_ra2012_gb_web.pdf

하였다.

<그림 5.3.-3>과 <표 5.3.-1>의 자료를 종합해보면, 프랑스와 이탈리아에서의 자동차 생산입지로서의 위상이 하락하고, 반면에 중동부유럽 국가 중 체코와 슬로바키아의 자동차 생산입지가 강화된 것을 파악할 수 있다.

국제자동차생산자협회(OICA: Organisation Internationale des Constructeurs d'Automobiles, International Organization of Motor Vehicle Manufacturers)의 통계자료인 <표 5.3.-2>에서 볼 수 있듯이, 세계 자동차 생산은 1995년부터 2012년 사이에 큰 지각변동을 겪었다. 전통적인 자동차 생산강국이었던, 미국, 프랑스, 이탈리아, 영국의 자동차 생산이 급감하고, 브라질, 중국, 인도 등 신흥국가에서 자동차 생산이 급증하였다. 유럽에서는 독일을 제외한 프랑스, 이탈리아, 영국, 스페인과 같은 자동차 생산강국의 자동차 생산이 급감하고, 체코, 슬로바키아, 헝가리, 폴란드, 루마니아와 같은 중동부유럽 국가에서 자동차생산이 증가하였다. 특히 체코와 슬로바키아에서 자동차생산이 급증하였다.

<표 5.3.-2> 국가별 자동차 생산 변화

(기준: 1995년, 2012년)

1995년				2012년			
국가	승용차	상용차	합계	국가	승용차	상용차	합계
아르헨티나	224,733	80,076	304,809	아르헨티나	497,376	267,119	764,495
호주	281,417	21,508	302,925	호주	178,480	31,250	209,730
오스트리아	123,586	15,745	139,331	오스트리아	123,602	19,060	142,662
벨기에	917,513	99,548	1,017,061	벨기에	507,204	34,670	541,874
브라질	1,107,751	243,077	1,350,828	브라질	2,623,704	718,913	3,342,617
캐나다	1,626,316	1,432,497	3,058,813	캐나다	1,040,298	1,423,434	2,463,732
중국	565,366	1,264,587	1,829,953	중국	15,523,658	3,748,150	19,271,808

체코	348,482	27,779	376,261	체코	1,171,774	7,164	1,178,938
이집트	45,416	30,632	76,048	이집트	36,880	19,600	56,480
핀란드	33,903	472	34,375	핀란드	2,900		2,900
프랑스	2,784,469	395,724	3,180,193	프랑스	1,682,814	284,951	1,967,765
독일	5,309,524	378,168	5,687,692	독일	5,388,456	260,813	5,649,269
헝가리	125,889	2,297	128,186	헝가리	215,440	2,400	217,840
인도	533,149	285,044	818,193	인도	3,285,496	859,698	4,145,194
인도네시아	76,715	12,292	89,007	인도네시아	743,501	322,056	1,065,557
이란	119,419	0	119,419	이란	871,997	141,564	1,013,561
이탈리아	1,410,459	290,797	1,701,256	이탈리아	396,817	274,951	671,768
일본	8,100,169	1,795,307	9,895,476	일본	8,554,219	1,388,492	9,942,711
말레이시아	237,998	16,092	254,090	말레이시아	509,621	59,999	569,620
멕시코	993,772	556,153	1,549,925	멕시코	1,810,007	1,191,967	3,001,974
네덜란드	262,242	44,978	307,220	네덜란드	28,000	22,862	50,862
폴란드	546,843	27,991	574,834	폴란드	540,000	107,803	647,803
포르투갈	186,996	65,294	252,290	포르투갈	115,735	47,826	163,561
루마니아	88,313	18,584	106,897	루마니아	326,556	11,209	337,765
러시아	943,732	225,976	1,169,708	러시아	1,968,789	262,948	2,231,737
세르비아	3,816	1,453	5,269	세르비아	10,227	805	11,032
슬로바키아	126,503	328	126,831	슬로바키아	900,000	0	900,000
슬로베니아	118,132	0	118,132	슬로베니아	126,836	4,113	130,949
남아프리카 공화국	214,694	102,673	317,367	남아프리카 공화국	274,873	264,551	539,424
대한민국	2,361,735	481,379	2,843,114	대한민국	4,167,089	394,677	4,561,766
스페인	2,281,617	570,772	2,852,389	스페인	1,539,680	439,499	1,979,179
스웨덴	213,895	36,847	250,742	스웨덴	162,814	N.A.	162,814
대만	266,000	87,000	353,000	대만	278,043	60,995	339,038
태국	63,538	259,223	322,761	태국	945,100	1,484,042	2,429,142
터키	222,041	75,821	297,862	터키	576,660	495,679	1,072,339
우크라이나	10,136	9,044	19,180	우크라이나	69,687	6,594	76,281
영국	1,786,624	186,895	1,973,519	영국	1,464,906	112,039	1,576,945
미국	5,637,949	7,387,029	13,024,978	미국	4,105,853	6,223,031	10,328,884
우즈베키스탄	44,433	0	44,433	우즈베키스탄	144,980	19,200	164,180
기타	86,849	32,801	119,650	기타	463,990	130,467	594,457

출처: OICA[167]

1995년 1,26831대의 자동차를 생산하였던 슬로바키아는 2012년 900,000대의 자동차를 생산하였다. 이는 671,768대의 자동차를 생산한 이탈리아에 비해서 훨씬 더 많은 자동차를 생산한 것이다. 슬로바키아에서 급증한 자동차 생산은 다국적기업의 자동차 생산기지가 슬로바키아로 유치되었기 때문이다.

<표 5.3.-3>에서 볼 수 있듯이, 중부 유럽 4개국에서는 현재 다국적 자동차기업들이 생산공장을 운영 중에 있다.

<표 5.3.-3> 중동부유럽 4개국에 위치한 자동차기업 엔진 및 조립 공장

지역	제조사	자동차형태					브랜드
		엔진	승용차	경상용차	상용차	버스	
체코							
Jablonec	TEDOM	O					
Kolin	TPCA (TOYOTA MOTOR CORP-PSA)		O				Toyota, Peugeot, Citroën
Koprivnice		O			O		Tatra 대형트럭, 군용차
Kvasiny	VOLKSWAGEN AG		O				Skoda
Libchavy	SOR					O	Sor
Mlada Boleslav	VOLKSWAGEN AG	O	O				Skoda
Nosovice	HYUNDAI MOTOR EUROPE		O				Hyundai
Vysoké Myto	IVECO S.p.A.				O		Iveco
헝가리							
Esztergom	SUZUKI		O				Suzuki
Györ	VOLKSWAGENAG	O	O				Audi
Kecskemet	DAIMLER AG		O				Mercedes-Benz

---

167) "국제자동차생산자협회(OICA: Organisation Internationale des Constructeurs d'Automobiles, International Organization of Motor Vehicle Manufacturers)의 국가별 자동차생산 통계자료," http://www.oica.net/category/production-statistics/

168) "유럽자동차공업협회(ACEA: Association des Constructeurs Européens d'Automobiles, European

위치	기업							브랜드
Szentgotthard	GENERAL MOTORS EUROPE	O						
폴란드								
Bielsko-Biala	FIAT S.p.A.	O						Fiat, Lancia, Alfa Romeo
Bolechowo (Poznan)	SOLARIS					O		Solaris
Gliwice	GENERAL MOTORS EUROPE		O					Opel/Vauxhall
Jelcz-Laskowice	TOYOTA MOTOR EUROPE	O						
Niepolomice (Krakow)	VOLKSWAGEN AG				O			MAN
Polkowice	VOLKSWAGENAG	O						Volkswagen
Poznan	VOLKSWAGEN AG					O		MAN
Poznan	VOLKSWAGENAG			O				Volkswagen
Slupsk	VOLKSWAGEN AG					O		Scania
Tychy	FIAT S.p.A.		O					Fiat, Lancia, Ford
Tychy	GENERAL MOTORS EUROPE	O						Opel/Vauxhall
Walbrzych	TOYOTA MOTOR EUROPE	O						
Wroclaw	VOLVOGROUP					O		Volvo
Wroclaw	JELCZ					O		Jelcz 군용차
슬로바키아								
Bratislava	VOLKSWAGENAG		O					Volkswagen, Audi, Porsche, Skoda, Seat
Trnava	PSA PEUGEOT CITROËN		O					Peugeot, Citroën
Zilina	HYUNDAI MOTOR GROUP	O	O					Kia

출처: 유럽자동차공업협회(ACEA)[168]

Automobiles Manufacturers Association) 제공 중동부 유럽 4개국 내의 자동차기업 엔진 및 조립 공장 현황," http://www.acea.be/uploads/statistic_documents/PA_Plants_A4_2014_BY_COUNTRY_ -_Web.xlsx

Toyota, Peugeot, Citroën이 체코의 Kolin에서 승용차 조립공장을 운영하고 있고, 체코의 Kvasiny과 Mlada Boleslav에서는 Volkswagen 그룹 산하의 Skoda가 공장을 운영 중에 있다. 체코의 Nosovice에서는 현대가 조립공장을 운영하고 있고, 체코의 Vysoké Myto에서는 Fiat그룹 산하의 Iveco가 조립공장을 운영하고 있다.

헝가리의 Esztergom에서는 Suzuki가 조립공장을, Györ에서는 Audi가 조립공장을, Kecskemet에서는 Mercedez-Benz가 조립공장을 운영하고 있다.

폴란드의 Bielsko-Biala에서는 Fiat가 Fiat, Lancia 그리고 Alfa Romeo 브랜드 차량을 생산 중이다. Tychy에서도 Fiat는 공장을 운영하고 있다. Gliwice와 Tychy에서는 GM이 Opel과 Vauxhall 브랜드 차량을 생산하고 있고, Polkowice, Slupsk와 Poznan에서는 Volkswagen 그룹이 자동차를 생산하고 있다. Wroclaw에서는 Volvo가 버스를 생산하고 있다.

슬로바키아에서 Bratislava에서는 Volskwagen 그룹이 자동차를 생산하고 있고, Trnava에서는 PSA PEUGEOT CITROËN 그룹이 자동차를 생산하고 있고, Zilina에서는 기아가 자동차를 생산하고 있다.

<표 5.3.-4>에서 볼 수 있듯이 8개의 자동차 및 엔집조립 공장을 가진 체코와 3개의 자동차 및 엔진조립 공장을 가진 슬로바키아의 경우의 22개의 자동차 및 엔진조립 공장을 가진 이탈리아에 비해 훨씬 더 많은 자동차를 생산하고 있다. <표 5.3.-2>에 따르면, 이탈리아의 자동차 생산이 39만대에 그치고 있는 반면에, 이탈리아 보다 훨씬 적은 수의 자동차 및 엔진조립공장이 있는 체코와 슬로바키아에서는 117만대와 90만대의 자동차가 생산되고 있다. 이는 중동부

유럽지역의 자동차 조립공장의 효율성이 서유럽 지역의 자동차 조립공장보다 좋다는 것을 보여주는 사례이다.

<표 5.3.-4> 유럽 내 자동차 조립공장 현황

국가명	공장수	국가명	공장수
오스트리아	5	폴란드	14
벨기에	9	포르투갈	6
불가리아	1	루마니아	3
벨라루스	2	세르비아	3
체코	8	러시아	34
독일	43	스웨덴	11
스페인	15	슬로베니아	1
핀란드	2	슬로바키아	3
프랑스	34	터키	15
헝가리	4	우크라이나	7
크로아티아	2	영국	34
이탈리아	22	우즈베키스탄	2
카자흐스탄	4	26개 유럽 자동차 생산국 공장합계	293
네덜란드	9	19개 EU 자동차 생산국 공장합계	226

출처: 유럽자동차공업협회(ACEA)[169]

중동부유럽국가의 자동차 산업이 다국적자동차 기업의 GVC에 편입되면서, 다국적자동차 기업과 연관이 있는 부품산업 및 자동차 연관산업 역시 진출하게 되었다. 단적인 사례가 체코에 다국적기업의 자동차 생산기지가 유치되면서, 자동차 부품기업 역시 이전을 하고 있다는 점이다. 이는 표3에서 언급된 기업이전의 사례 중에 동반기업이전에 해당한다. Denso, Koito, 현대 Mobis, 성우 하이테크 등

---

169) "유럽자동차공업협회(ACEA: Association des Constructeurs Européens d'Automobiles, European Automobiles Manufacturers Association) 제공 유럽내 자동차 조립공장 현황," http://www.acea. be/statistics/tag/category/european-production-plants-map

의 기업이 자신들이 주거래 기업체인 Toyota와 현대, Volkswagen그룹 등의 생산기지를 따라서 체코에 생산공장을 세웠다. 또한 독일의 Bosch는 체코에서 R&D센터를 운영하고 있다. 그리고 타이어와 자동차용 부품기업인 Continental과 Saint-Gobain등이 체코에서 생산공장을 운영하고 있다.170)

서유럽에서 중동부유럽으로 자동차 생산기지가 이전되는 상황을 각 자동차 기업별로, 살펴보면, 더욱 명확하게 드러나고 있다.

이탈리아 Fiat그룹은 헝가리와 폴란드에서 모국에서의 승용차 생산에 버금가는 수량의 자동차를 생산하고 있다. 이탈리아에서 Fiat는 39만대의 승용차를 생산하였고, 폴란드와 헝가리에서 30만대 가량의 승용차를 생산하고 있다.

<표 5.3.-5> FIAT 그룹의 전 세계 자동차 생산

(기준: 2012년)

대륙	국가	브랜드	승용차	소형 상용차	대형 상용차	대형버스	합계
아메리카	아르헨티나	FIAT	73,863				73,863
		IVECO			4,735	34	4,769
		Total	73,863		4,735	34	78,632
	브라질	FIAT	651,475	161,274			812,749
		IVECO		3,693	9,446	1,859	14,998
		Total	651,475	164,967	9,446	1,859	827,747
	베네수엘라	IVECO			2,199		2,199
	합계		725,338	164,967	16,380	1,893	908,578
아시아	중국	IVECO		92,015	15,614	38,407	146,036
	인도	FIAT	20,232				20,232
	합계		20,232	92,015	15,614	38,407	166,268

---

170) Czechinvest, *Automotive Industry in the Czech Republic*, (Czechinvest, 2009), pp. 8-10.

171) "국제자동차생산자협회(OICA: Organisation Internationale des Constructeurs d'Automobiles,

EU	프랑스	FIAT		15,233			15,233
	헝가리	FIAT	8,857				8,857
	이탈리아	FERRARI	7,663				7,663
		FIAT	380,787	123,330			504,117
		IVECO		23,859	33,276	458	57,593
		MASERATI	6,204				6,204
		Total	394,654	147,189	33,276	458	575,577
	폴란드	FIAT	293,891				293,891
	스페인	IVECO		18,187	19,353		37,540
	합계		697,402	180,609	52,629	458	931,098
유럽	세르비아	FIAT	23,336				23,336
	터키	FIAT	35,671	61,393			97,064
	합계		59,007	61,393			120,400
오세아니아	호주	IVECO			890	61	951
합계			1,501,979	498,984	85,513	40,819	2,127,295

자료: OICA[171]

이는 Fiat의 유럽에서의 승용차 생산 중에 43%가 헝가리와 폴란드에서 생산되고 있음을 의미하는 것이다. 하지만, Fiat의 헝가리와 폴란드에서의 승용차 생산은 정점에 올랐을 때에 비해서 많이 축소된 상황이다. Fiat는 2007년에 헝가리에서 38,338대의 승용차를 생산하였다. 그러나 2012년에는 8,857대의 수준으로 승용차 생산이 축소되었다. 표9에 따르면, 폴란드에서 Fiat는 492,957대의 승용차를 생산하였지만, 293,891대의 수준으로 승용차 생산이 축소되었다.

르노 그룹의 중동부유럽에서의 자동차생산은 루마니아와 슬로베니아에서의 승용차 생산이 본국인 프랑스에서의 승용차 생산을 훨씬 상회하고 있다. 프랑스 본국에서 승용차 생산은 33만대 수준이지

International Organization of Motor Vehicle Manufacturers) 제공 FIAT그룹의 전 세계 자동차생산 통계자료," http://www.oica.net/wp-content/uploads/2013/03/fiat-2012.pdf

만 루마니아와 슬로베니아에서 르노그룹은 41만대의 승용차를 생산하고 있다. 이는 르노그룹의 승용차 생산 중심축이 중동부유럽으로 이동하고 있음을 보여주는 사례이다.

<표 5.3.-6> Renault 그룹의 전 세계 자동차 생산

(기준: 2012년)

대륙	국가	브랜드	승용차	소형상용차	합계
아프리카	모로코	DACIA	85,108	2,666	87,774
		RENAULT	18,256	2,713	20,969
		합계	103,364	5,379	108,743
	남아프리카공화국	RENAULT	3,437		3,437
	합계		106,801	5,379	112,180
아메리카	아르헨티나	RENAULT	85,810	23,857	109,667
	브라질	RENAULT	238,839	47,275	286,114
	콜롬비아	RENAULT	62,857	7,829	70,686
	합계		387,506	78,961	466,467
아시아	인도	RENAULT	29,712	7,446	37,158
	이란	RENAULT	96,042	2,069	98,111
	대한민국	SAMSUNG	155,872		155,872
	합계		281,626	9,515	291,141
유럽	프랑스	RENAULT	335,997	196,574	532,571
	루마니아	DACIA	274,705	9,687	284,392
		RENAULT	21,809	1,665	23,474
		합계	296,514	11,352	307,866
	러시아	LADA	16,292	1,515	17,807
		RENAULT	165,525	22	165,547
		합계	181,817	1,537	183,354
	슬로베니아	RENAULT	126,836	4,113	130,949
	스페인	RENAULT	300,389	43,101	343,490
	터키	RENAULT	282,334	9,411	291,745
	영국	RENAULT	2,949	13,514	16,463
	합계		1,526,836	279,602	1,806,438
합계			2,302,769	373,457	2,676,226

자료: OICA[172]

---

172) "국제자동차생산자협회(OICA: Organisation Internationale des Constructeurs d'Automobiles,

하지만 르노그룹의 경우 향후 중동부유럽의 임금상황에 따라 공장을 다른 지역으로 재이전 할 수 있음을 강력히 시사한 조치를 단행한 적이 있다. 르노 자동차가 경영하고 있는 루마니아의 다시아 (Dacia) 공장에서 2008년 3월 24일 노조가 임금인상을 요구하며 파업을 단행하였다. 노조는 550레이 (당시 기준으로 147유로에 해당)의 임금인상을 요구하였다. 노조의 주장은 회사가 지난 2년간 3억 유로의 흑자를 보았기 때문에 2백만 유로의 임금인상 지출은 당연하다는 입장이었다. 이에 대해서 경영진은 이와 같은 주장이 비현실적인 것이라고 일축하였다. 이미 지난 5년간 다시아의 노동자는 140%의 임금인상이 있었고, 이는 물가상승률에 비해서도 5배나 더 많은 수치라고 언급하였다.[173] 그리고 다시아 사장으로 르노에서 파견된 프랑소아 푸르몽(François Fourmont)은 노사분규가 계속될 경우 다시아에서 생산 중인 주력 자동차인 로간(Logan)은 우크라이나 혹은 모로코로 이전해서 생산할 수 있다고 노조를 협박하였다.[174] 다시 말해, 르노그룹은 경영여건에 따라서 1996년 벨기에 빌보르드 공장을 정리했듯이, 루마니아 공장을 정리할 수도 있다.

International Organization of Motor Vehicle Manufacturers) 제공 Renault 그룹의 전 세계 자동차생산 통계자료," http://www.oica.net/wp-content/uploads/2013/03/renault-2012.pdf

173) "*Le Figaro*, March 25, 2008," http://www.lefigaro.fr/societes-francaises/2008/03/25/04010-20080325ARTFIG00227-dix-mille-salaries-en-greve-chez-renault-dacia-.php

174) "*Le monde diplômatique*, June, 2008," http://www.monde-diplomatique.fr/2008/06/LUCON/15966

<표 5.3.-7> Volkswagen 그룹의 전 세계 자동차 생산

(기준: 2011년)

대륙	국가	브랜드	자동차	소형상용차	대형상용차	합계
아프리카	남아프리카 공화국	VOLKSWAGEN	137,759			137,759
아메리카	아르헨티나	VOLKSWAGEN	46,665	76,966		123,631
	브라질	VOLKSWAGEN	746,159	82,285		828,444
	멕시코	VOLKSWAGEN	510,041			510,041
	미국	VOLKSWAGEN	40,401			40,401
	합계		1,343,266	159,251		1,502,517
아시아	중국	VOLKSWAGEN	1,943,330			1,943,330
	인도	VOLKSWAGEN	105,449			105,449
	합계		2,048,779			2,048,779
EU	벨기에	AUDI	117,566			117,566
	체코	VOLKSWAGEN	602,413	3,013		605,426
	독일	AUDI	1,133,343			1,133,343
		VOLKSWAGEN	1,448,232	110,835		1,559,067
		합계	2,581,575	110,835		2,692,410
	헝가리	AUDI	39,518			39,518
	이탈리아	AUDI	1,711			1,711
	폴란드	VOLKSWAGEN	165,585	11,416		177,001
	포르투갈	VOLKSWAGEN	133,091			133,091
	슬로바키아	AUDI	53,707			53,707
		VOLKSWAGEN	82,753			82,753
		합계	136,460			136,460
	스페인	AUDI	19,654			19,654
		VOLKSWAGEN	687,025			687,025
		합계	706,679			706,679
	영국	VOLKSWAGEN	7,648			7,648
	합계		4,492,246	125,264		4,617,510
유럽	러시아	VOLKSWAGEN	135,008			135,008
기타	기타	SCANIA			84,000	84,000
합계			8,157,058	284,515	84,000	8,525,573

자료: OICA[175]

Volkswagen은 중동부유럽국가에 다른 다국적자동차기업에 비해 활발히 진출하였다. 중동부유럽국가 중에서 체코, 헝가리, 폴란드, 슬로바키아에서 생산공장을 운영하고 있다. Volkswagen은 EU내에서 전체 자동차 생산의 20%를 이들 중부 유럽국가에 생산하고 있다. 폭스바겐 그룹역시 유럽 내에서 생산기지를 조정하는 과정에서 2006년 폭스바겐이 포레스트(Forest)에 있는 공장을 폐쇄하여 4000명을 감원하였다.

유럽의 자동차 생산에서 중동부유럽의 비중은 비약적으로 확대되었다. 서유럽에서 자동차생산은 축소되었고, 특히 프랑스와 이탈리아에서 급격하게 축소되었다. 반면에 중동부유럽 국가에서 다국적기업에 의한 자동차 생산은 증가하였고, 이를 통해 중동부유럽의 자동차 산업은 다국적기업 자동차 산업의 GVC에 편입되었다.

2004년 EU가입이후, EU단일시장의 혜택을 누릴 수 있고, 서유럽에 비해 상대적으로 저임금 혜택을 기업에 제공하는 중동부유럽 국가들로의 생산기지 이전을 택한 기업의 숫자는 더욱 늘어나고 있다. 이에 따라 유럽 내에서의 산업질서 역시 재편되고 있다.

그러나 이들 중동부 국가로의 생산기지 이전도 슬로바키아와 체코와 같이 비약적으로 자동차 생산이 증가하는 국가가 있는 반면에 그렇지 못한 국가가 존재하고 있다. 따라서 2004년 EU가입이후 EU단일시장 편입이라는 동일한 여건 속에서, 특정 신규회원국은 다국적 자동차기업의 GVC 안에 적극적으로 편입되었고, 다른 회원국은 그렇지 못한 상황이 되었다. 특히 자동차생산이 미미하였던 슬로바

175) "국제자동차생산자협회(OICA: Organisation Internationale des Constructeurs d'Automobiles, International Organization of Motor Vehicle Manufacturers) 제공 Volkswagen그룹의 전 세계 자동차생산 통계자료," http://www.oica.net/wp-content/uploads/2012/03/volkswagen.pdf

키아는 폭스바겐, TPCA(Toyota-Peugeot Citroën), 기아자동차를 유치하여 대단히 효율성이 높은 다국적 자동차기업의 3개 신규공장에서 연간 90만대의 차량을 생산하고 있다.

이와 같은 중동부유럽 국가의 자동차산업 분야에서의 부상은 EU 회원국 간의 임금 격차가 크게 존재하는 현재와 같은 상황에서 향후에도 생산기지의 저임금 국가로의 이전은 지속적으로 발생할 것으로 예상된다.

5.4. 선진국 내에서의 반세계화 정서

세계화의 진전에 따라 시장은 확대되었고, 이는 경쟁력이 있는 기업에는 성장의 기회로 작용하였다. 스위스 식품회사인 네슬레(Nestlé)도 스위스 시장만을 목표로 했다면 오늘 날과 같은 거대 식품기업으로 성장할 수 없었을 것이다. 또한 맥도날드나 스타벅스도 세계 시장을 목표로 계속 점포를 확대하고 있다.

한국의 경우도 세계 시장이 없었다면, 오늘날 세계 최대의 전자제품 기업 중 하나인 삼성이 성장할 수도, 세계 최대의 자동차 회사 중 하나인 현대-기아차 그룹이 존재할 수도 없었다.

그러나 세계화의 진전과 함께 선진국에서 생산되는 제품이 더 이상 경쟁력이 없어질 경우에 다국적기업은 세계 경쟁에서 살아남기 위해, 이들 제품의 생산기지를 개발도상국으로 이전하였다.

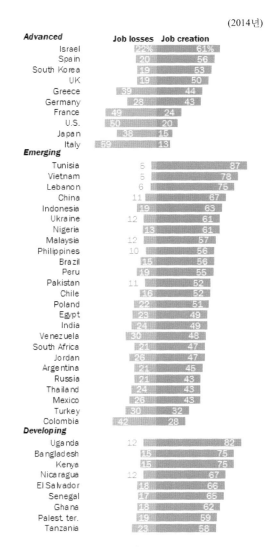

(2014년)

Advanced	Job losses	Job creation
Israel	22%	61%
Spain	20	56
South Korea	19	53
UK	19	50
Greece	39	44
Germany	28	43
France	49	24
U.S.	50	20
Japan	38	15
Italy	59	13
Emerging		
Tunisia	5	87
Vietnam	5	78
Lebanon	6	75
China	11	67
Indonesia	19	63
Ukraine	12	61
Nigeria	13	61
Malaysia	12	57
Philippines	10	56
Brazil	15	56
Peru	19	55
Pakistan	11	52
Chile	16	52
Poland	22	51
Egypt	23	49
India	24	49
Venezuela	30	48
South Africa	21	47
Jordan	26	47
Argentina	21	45
Russia	21	43
Thailand	24	43
Mexico	26	43
Turkey	30	32
Colombia	42	28
Developing		
Uganda	12	82
Bangladesh	15	75
Kenya	15	75
Nicaragua	12	67
El Salvador	18	66
Senegal	17	65
Ghana	18	62
Palest ter.	19	59
Tanzania	23	58

Note: Results for "no difference" not shown.

Source: Spring 2014 Global Attitudes survey. Q29.

출처: Pewglobal[176)]

<그림 5.4.-1> 세계무역이 일자리에 미치는 영향에 대한 인식

이와 같은 상황에서 선진국에서 경쟁력이 없어진 제품의 생산을 담당하던 노동자는 일자리를 잃게 되었다.

예를 들어서, 애플은 더 이상 미국에서 스마트폰을 생산하지 않는다. 그리고 삼성전자와 LG전자의 모든 노트북은 한국에서 생산되지 않는다. 또한 중국과 같은 개발도상국이 선진국의 생산기술을 습득하는 속도가 빨라질수록 선진국의 산업은 개발도상국으로 더욱 빠르게 이전되었다. 조선산업의 경우도 유럽이 주도하였던 산업이었지만 일본으로 빠르게 이전되었고, 이제는 한국을 거쳐서 중국으로 빠른 속도로 이전하고 있다.

<그림 5.4.-1>은 세계무역이 일자리에 미치는 영향에 대한 인식을 조사한 것이다. 조사대상국가 중 선진국은 한국, 이스라엘, 영국, 독일, 스페인, 그리스, 미국, 프랑스, 일본, 이탈리아였다. 그런데 이중에서 한국, 이스라엘, 영국, 독일을 제외하고는 조사 대상 선진국 시민들이 세계무역의 자국의 일자리에 미치는 영향에 대해 부정적인 인식을 드러내었다. 특히 미국, 프랑스, 일본, 이탈리아에서는 세계무역이 그들의 일자리를 빼앗아간다고 응답한 비율이 매우 높았다.

반면에 세계화를 통해 부를 축적해나가고 있는 동아시아의 신흥국에서는 세계무역에 대한 긍정적인 인식이 훨씬 높았다. 중국, 인도네시아, 인디아, 말레이시아, 필리핀에서 대다수의 응답이 세계무역이 일자리 창출에 기여한다고 응답하였다.

이와 같이 선진국 노동자를 중심으로 세계화가 진전되면서 일종의 박탈감 같은 것이 형성되었고, 이와 같은 상황은 유럽에서 극우세력의 성장과 미국에서 트럼프의 대통령선거 당선과 같은 결과를

---

176) Pewglobal. "세계무역이 일자리에 미치는 영향". http://www.pewglobal.org/2014/09/16/faith-and-skepticism-about-trade-foreign-investment/trade-08/

낳는데 기여하였다.

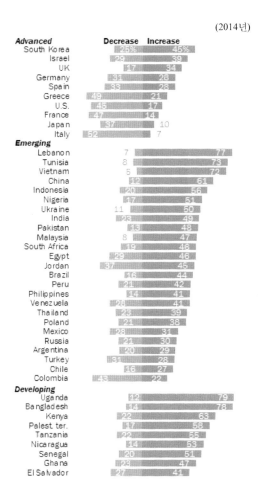

(2014년)

Advanced	Decrease	Increase
South Korea	25%	45%
Israel	29	39
UK	17	34
Germany	31	28
Spain	33	28
Greece	49	21
U.S.	45	17
France	47	14
Japan	37	10
Italy	52	7
Emerging		
Lebanon	7	77
Tunisia	8	73
Vietnam	5	72
China	12	61
Indonesia	20	56
Nigeria	17	51
Ukraine	11	50
India	23	49
Pakistan	13	48
Malaysia	8	47
South Africa	19	46
Egypt	29	46
Jordan	37	45
Brazil	16	44
Peru	21	42
Philippines	14	41
Venezuela	28	41
Thailand	23	39
Poland	21	38
Mexico	28	31
Russia	21	30
Argentina	20	29
Turkey	31	28
Chile	16	27
Colombia	13	22
Developing		
Uganda	12	79
Bangladesh	14	78
Kenya	22	63
Palest. ter.	17	58
Tanzania	22	55
Nicaragua	14	53
Senegal	20	51
Ghana	23	47
El Salvador	27	41

Note: Results for "no difference" not shown.

Source: Spring 2014 Global Attitudes survey. Q28.

PEW RESEARCH CENTER

출처: Pewglobal[177]

<그림 5.4.-2> 세계무역이 임금에 미치는 영향에 대한 인식

<그림 5.4.-2>는 세계무역이 임금에 미치는 영향에 대한 인식에 대한 조사이다. <그림 5.4.-1>의 세계무역이 일자리에 미치는 영향에 대한 인식에 대한 조사에서와 마찬가지로 선진국의 조사대상자들은 세계무역의 확대가 임금에 부정적인 영향을 준다고 응답하였다.

<그림 5.4.-2>는 세계무역이 임금에 미치는 영향에 대한 인식에 대한 조사에서 조사대상 선진국은 한국, 이스라엘, 영국, 독일, 스페인, 그리스, 미국, 프랑스, 일본, 이탈리아였다. 이중 한국, 이스라엘, 영국을 제외하고 대부분의 조사 대상 선진국에서 세계무역이 임금에 미치는 영향에서 부정적인 답변이 월등하게 높았다. 이는 개발도상국이 상품생산에서 경쟁력을 높이면서, 선진국에서 노동자들이 개발도상국의 노동자들과 인건비 경쟁을 벌여야 하는 상황이 증대되었기 때문이다.

(파란색: 민주당 힐러리 클린턴, 빨간색: 공화당 도널드 트럼프)
출처: 뉴욕타임스

<그림 5.4.-3> 미국 2016년 대통령 선거 결과

---

177) Pewglobal. "세계무역이 임금에 미치는 영향". http://www.pewglobal.org/2014/09/16/faith-and-skepticism-about-trade-foreign-investment/trade-07/

그리스, 미국, 프랑스, 일본, 이탈리아 응답자들의 상실감이 훨씬 더 컸다. 특히 미국에서는 조사대상자의 45%가 세계무역의 임금에 미치는 효과에 부정적인 답변을 하였으며, 단지 17%만이 긍정적인 답변을 하였다. 미국에서는 조사대상자의 50%가 세계무역이 미국 내 일자리를 감소시킨다고 답변하였고, 단지 20%만이 세계무역이 일자리를 증가시킨다고 답변하였다.

이와 같은 상황은 2016년 미국 대통령선거에서 보호무역을 선거구호로 내세운 공화당의 트럼프 후보가, <그림 5.4.-3>에서 볼 수 있듯이, 민주당의 힐러리를 제치고 압승하는 선거결과를 가져왔다.

출처: US News & World Report[178] / Huffingtonpost[179]

<그림 5.4.-4> 미국의 Rust Belt

2016년 미국 대통령 선거에서 주목할 점은 소위 'Rust Belt(러스트 벨트)'에서 트럼프가 확고한 지지를 받았다는 점이다. 원래 이 지역은 산업지역으로 노동자들과 정치적 연계가 좋은 민주당이 공화

178) US News & World Report, "Everyone Failed the Rust Belt". https://www.usnews.com/opinion/blogs/charles-wheelan/articles/2016-03-14/both-political-parties-failed-rust-belt-workers

179) Huffingtonpost, "Wandering And Photographing America's Rust Belt". https://www.huffingtonpost.com/randy-fox/post_2678_b_1105924.html

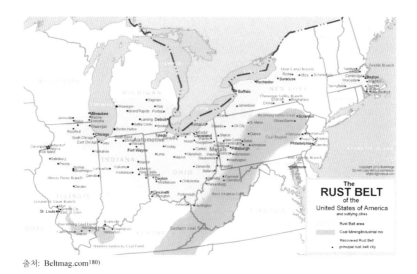

출처: Beltmag.com180)

<그림 5.4.-5> 미국 Rust Belt 지역

당에 비해서 우위를 누렸던 지역이다. Rust Belt에서 Rust는 녹을 의미한다. 공장이 쇠퇴하고 녹이 슬었다는 의미이다.

이 지역은 미국의 오대호 인근 과거 제조업 공업지대 지역으로 펜실베이니아, 오하이오, 미시간, 위스콘신, 일리노이, 인디애나, 아이오와, 업스테이트 뉴욕 등이 포함된다. 미국은 20세기에 포디즘(Fordism)이라고 불리는 대량생산 시스템을 젠 세계 산업표준으로 제시한 세계 최대의 제조업국가였다. 그러나 이들 지역의 제조업이 세계무역이 확대되는 과정에서 다른 국가의 상품에 비해 경쟁력 잃어버리게 되자 이들 산업지대가 황폐화되었다. 그리고 세계무역에 부정적인 인식을 갖고 있는 Rust Belt 지역의 주민들은 보호무역을

180) http://beltmag.com/mapping-rust-belt/

강조한 트럼프 후보를 대통령 선거에서 선호하였다.

이와 같은 상황은 일찍이 산업이 발달하였던 유럽지역에서도 발생하고 있다. 과거 유럽 좌파의 근거지였던 제조업 지대가 세계무역의 확대과정에서 경쟁력을 잃어버리게 되자 극우세력의 중심지로 탈바꿈하고 있다.

미국과 유럽에서 극단적인 정체세력의 부상은 선진국 노동자들의 세계화에 대한 박탈감을 대변하고 있는 것이다.

선진국 시민이 세계화에 불만을 드러내는 이유 중 다른 하나는 선진국 내에서 불평등이 심화되고 있는 상황이다. 선진국에서 제조업 및 저임금 산업의 경쟁력 약화로 이들 분야에서 실직한 노동자들은 더욱 열악한 노동환경을 받아들일 수밖에 없다. 반면에 개발도상국에 비해서 압도적인 기술우위에 있는 분야의 종사자들은 시장의 확대에 따라서 과거에 비해 훨씬 더 많은 수익을 보게 되었다. 이와 같은 상황에서 2011년 "Occupy Wall Street (월가를 점령하라)" 등의 구호가 나왔었다. 특히 당시에 부의 소수에 대한 편중에 대해서 선진국에서 불만이 터져나왔고, 미국에서 시작된 "Occupy (점령하라)" 운동은 다른 지역으로 확산되었다.

<그림 5.4.-6>은 OECD내에서 소득불평등이 심화하고 있음을 보여주는 자료이다.

<그림 5.4.-6> OECD 회원국 내에서 불평등의 심화

0=완전평등 그리고 1=완전불평등으로 가정하고 있는 지니계수 (Gini Coefficient) 자료인 <그림 5.4.-6>에서 오른쪽 그래프는 1980 년대 중반에서 2000년대 후반까지의 지니계수 변화를 보여주고 있 는데 대부분의 선진국에서 소득불평등이 심화되었다.

181) http://geo-mexico.com/wp-content/uploads/2011/09/gini-coefficient-change-oecd.jpg 재인용

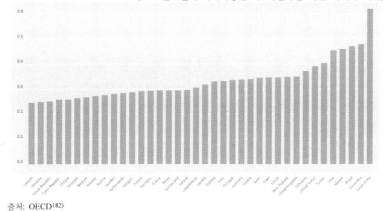

출처: OECD[182)

<그림 5.4.-7> GINI계수(0=완전평등, 1=완전불평등)

 물론 <그림 5.4.-7>에서 볼 수 있듯이 소득불평등 정도는 OECD 회원국 사이에 차이가 있었다. OECD회원국 중 선진국에서는 미국, 영국 등의 국가에서 소득불평등 정도가 높았고, 최근 유럽의 산업지대로 부상하고 있는 슬로바키아, 체코에서는 소득불평등이 낮은 편이었다. 한국의 경우는 소득불평등 정도에서 OECD회원국 중에서 중간정도에 속하여서 프랑스, 독일 등과 비슷한 수치를 보였다.

---

182) https://data.oecd.org/inequality/income-inequality.htm

<표 5.4.-1> OECD회원국의 GINI계수 변화

(2012년-2015년)

	연도	GINI계수		연도	GINI계수
호주	2012	0.326	뉴질랜드	2012	0.333
오스트리아	2014	0.337	뉴질랜드	2014	0.349
오스트리아	2012	0.275	노르웨이	2012	0.253
오스트리아	2013	0.279	노르웨이	2013	0.252
오스트리아	2014	0.274	노르웨이	2014	0.257
오스트리아	2015	0.276	노르웨이	2015	0.272
벨기에	2012	0.265	폴란드	2012	0.297
벨기에	2013	0.265	폴란드	2013	0.299
벨기에	2014	0.266	폴란드	2014	0.298
벨기에	2015	0.268	폴란드	2015	0.292
캐나다	2012	0.317	포르투갈	2012	0.337
캐나다	2013	0.32	포르투갈	2013	0.341
캐나다	2014	0.313	포르투갈	2014	0.338
캐나다	2015	0.318	포르투갈	2015	0.336
체코	2012	0.253	슬로바키아	2012	0.25
체코	2013	0.259	슬로바키아	2013	0.269
체코	2014	0.257	슬로바키아	2014	0.247
체코	2015	0.258	슬로바키아	2015	0.251
덴마크	2012	0.249	스페인	2012	0.334
덴마크	2013	0.254	스페인	2013	0.345
덴마크	2014	0.256	스페인	2014	0.344
덴마크	2015	0.263	스페인	2015	0.345
핀란드	2012	0.26	스웨덴	2013	0.268
핀란드	2013	0.262	스웨덴	2014	0.274
핀란드	2014	0.257	스웨덴	2015	0.278
핀란드	2015	0.26	스위스	2013	0.295
프랑스	2012	0.305	스위스	2014	0.297
프랑스	2013	0.291	스위스	2015	0.296
프랑스	2014	0.293	터키	2012	0.399
프랑스	2015	0.295	터키	2013	0.39
독일	2012	0.289	터키	2014	0.398
독일	2013	0.292	터키	2015	0.404

독일	2014	0.289	영국	2012	0.351
독일	2015	0.293	영국	2013	0.358
그리스	2012	0.338	영국	2014	0.356
그리스	2013	0.342	영국	2015	0.36
그리스	2014	0.339	미국	2013	0.396
그리스	2015	0.34	미국	2014	0.394
헝가리	2012	0.289	미국	2015	0.39
헝가리	2014	0.288	칠레	2013	0.465
아이슬랜드	2012	0.253	칠레	2015	0.454
아이슬랜드	2013	0.241	에스토니아	2013	0.357
아이슬랜드	2014	0.246	에스토니아	2014	0.346
아일랜드	2012	0.31	에스토니아	2015	0.33
아일랜드	2013	0.308	이스라엘	2012	0.371
아일랜드	2014	0.298	이스라엘	2013	0.36
아일랜드	2015	0.297	이스라엘	2014	0.365
이탈리아	2012	0.33	이스라엘	2015	0.36
이탈리아	2013	0.325	슬로베니아	2012	0.249
이탈리아	2014	0.326	슬로베니아	2013	0.254
이탈리아	2015	0.333	슬로베니아	2014	0.251
일본	2012	0.33	슬로베니아	2015	0.25
한국	2012	0.307	라트비아	2012	0.347
한국	2013	0.302	라트비아	2013	0.351
한국	2014	0.302	라트비아	2014	0.35
한국	2015	0.295	라트비아	2015	0.346
룩셈부르크	2015	0.306	리투아니아	2012	0.35
멕시코	2012	0.457	리투아니아	2013	0.352
멕시코	2014	0.459	리투아니아	2014	0.381
네덜란드	2012	0.288	리투아니아	2015	0.372
네덜란드	2013	0.287	크로아티아	2012	0.483
네덜란드	2014	0.303	크로아티아	2013	0.494
네덜란드	2015	0.288	크로아티아	2014	0.485
			크로아티아	2015	0.479
			브라질	2013	0.47

출처: OECD[183]

선진국의 시민들이 세계화에 반대하고 있는 또 다른 이유는 세계
화와 함께 국가 간에 인적자원의 이동이 증가하게 되었고, 이 과정
에서 주류사회와 이질적인 문화의 유입에 거부감을 느끼는 시민들
이 발생하고 있다는 점이다.

<표 5.4.-2> 이민자 인구

(기준: stock)

	2000년	2005년	2010년	2015년	2016년
오스트리아	693955	774401	883579	1146078	1267674
벨기에	897110	870862	1057666	1276903	1333243
체코	228862	254294	432503	449367	464670
덴마크	259357	267604	329940	422559	463147
에스토니아	291724	255124	218732	211431	211517
핀란드	87680	108346	155705	219675	229765
프랑스	3258500	3541820	3821456	4350975	4399676
독일	7343591	6717115	6694776	8152968	9107893
그리스	273868	533360	839706	706720	686419
헝가리	153125	142153	197819	145968	156606
아이슬란드	7271	10636	21701	24294	26485
아일랜드	..	..	575400	564300	607408
이탈리아	1340655	2402157	3648128	5014437	5026854
일본	1556113	1973747	2184724	2121831	2232189
한국	210249	510509	1002742	1143087	1161677
라트비아	582175	487211	362378	298433	288946
룩셈부르크	159400	183705	216345	258679	269175
멕시코	..	..	262672	325979	355206
네덜란드	651500	699351	735197	847272	900504
뉴질랜드	..	..	..	..	..
노르웨이	178686	213303	333873	512154	538223
폴란드	..	..	49632	..	..
포르투갈	190896	449182	454191	395195	388731

---

183) https://data.oecd.org/inequality/income-inequality.htm

슬로바키아	29498	22251	62882	61766	65840
슬로베니아	..	..	99786	117698	126867
스페인	923879	3730610	5402579	4454353	4417517
스웨덴	481838	481141	602893	739435	782833
스위스	1368670	1495008	1680197	1947023	1993916
터키	271280	..	167344	518279	650308
영국	2208000	2857000	4524000	5592000	5951000
미국	16579283	19857656	21640993	22263361	22426200

출처: OECD[184]

<표 5.4.-2>는 각 OECD회원국에 이민자 인구(기준: Stock)를 보여주고 있다. 한국의 경우 21만명에 불과하던 이민자 인구는 2016년에는 116만명으로 큰 폭으로 증가하였다. 프랑스도 같은 기간에 325만명이던 이민자가 439만명으로 증가하였다. 독일도 734만명이던 이민자가 910만명으로 증가하였다. 스페인에서도 91만명에 불과하던 이민자가 441만명으로 급증하였다.

<표 5.4.-3> 이민의 요인 Push-Pull 모델

(세계은행)

	Push factors	Pull factors
Economic and demographic	Poverty Unemployment Low wages High fertility rates Lack of basic health and education	Prospects of higher wages Potential for improved standard of living Personal or professional development
Political	Conflict, insecurity, violence Poor governance Corruption Human rights abuses	Safety and security Political freedom
Social and cultural	Discrimination based on ethnicity, gender, religion, and the like	Family reunification Ethnic (diaspora migration) homeland Freedom from discrimination

출처: World Bank[185]

---

184) https://stats.oecd.org/Index.aspx?DataSetCode=MIG

<표 5.4.-4> 난민신청자의 유입

(기준: 연간 flow)

	2000년	2005년	2010년	2015년	2016년
호주	13065	3204	8246	12360	27632
오스트리아	18284	22461	11012	85620	39952
벨기에	42691	15957	21755	38700	14670
캐나다	34252	20786	22543	16070	23833
칠레	69	380	260	630	2299
체코	8788	4160	979	1250	1214
덴마크	13005	2260	4965	21230	6235
에스토니아	3	11	30	230	69
핀란드	3170	3574	4018	32270	5319
프랑스	39775	49733	48074	74300	70748
독일	78564	28914	41332	441900	722364
그리스	3083	9050	10273	11370	49847
헝가리	7801	1609	2104	174430	28070
아이슬란드	24	88	51	360	1132
아일랜드	10938	4324	1939	3280	2237
이스라엘	6148	860	6460	5010	8150
이탈리아	15564	9548	10052	83240	122124
일본	216	384	1203	7580	10901
한국	43	412	425	5710	7542
라트비아	..	..	..	330	344
룩셈부르크	621	802	744	2300	1938
멕시코	277	687	1039	3420	8781
네덜란드	43895	12347	13333	43100	18414
뉴질랜드	1551	348	340	350	387
노르웨이	10842	5402	10064	30520	3202
폴란드	4589	6860	6534	10250	9840
포르투갈	224	114	160	900	1463
슬로바키아	1556	3549	541	270	100
슬로베니아	9244	1596	246	260	1263

---

185) 세계은행. http://siteresources.worldbank.org/INTECA/Resources/257896-1167856389505/
Migration_FullReport.pdf

스페인	7926	5254	2744	13370	16274
스웨덴	16303	17530	31823	156460	22411
스위스	17611	10061	13521	38120	25872
터키	5685	3921	9226	133590	77851
영국	80300	30840	22644	39970	38380
미국	40867	39240	42971	172740	204810

출처: OECD[186)

시리아 사태이후 유럽에는 난민신청자가 급증하였다. 2010년에 39,775명이었던 프랑스의 연간 난민신청자는 2015년에는 74,300명으로 대폭 증가하였다. 이탈리아에서 2010년에 15,564명에 불과하던 연간 난민신청자는 2016년에는 122,124명으로 급증하였다. 2000년 16,303명의 연간 난민신청자가 있었던 스웨덴의 경우도 2015년에는 156,460명으로 급증하였다. 이들 국가에서 난민유입에 대해서 점차 주류사회가 반감을 드러내고 있다.

난민유입에 대한 반감은 외국의 일만은 아니다. 한국에도 제주도의 무사증 출입제도를 이용하여 2018년에 말레이시아를 거쳐서 500여명의 제주난민이 입국하였고, 한국사회는 이들에 대해서 곱지않은 시선을 보이고 있다.

---

186) https://stats.oecd.org/Index.aspx?DataSetCode=MIG

〈표 5.4.-5〉 1951년 난민의 지위에 관한 협약[187]

제1조 "난민"의 용어 정의

A. 이 협약의 목적상, "난민"의 용어는 다음과 같은 자에게 적용된다.
   (1) 1926년 5월 12일 및 1928년 6월 30일의 협정 또는 1933년 10월 28일 및 1938년 2월 10일의 협약, 1939년 9월 14일의 의정서 또는 는 국제난민기구 헌장에 의하여 난민으로 간주되고 있는 자.
   국제난민기구가 그 활동기간동안 취한 난민 부적격성에 대한 결정은 이 조 제2호의 요건을 충족하는 자에게 부여되는 난민의 지위를 방해하지 아니한다.
   (2) 1951년 1월 1일 이전에 발생한 사건의 결과로서, 또한 인종, 종교, 국적, 특정사회집단의 구성원 신분 또는 정치적 의견을 이유로 박해를 받을 우려가 있다는 충분한 근거가 있는 공포로 인하여, 자신의 국적국 밖에 있는 자로서, 국적국의 보호를 받을 수 없거나, 또는 그러한 공포로 인하여 국적국의 보호를 받는 것을   원 하 지 아니하는 자. 또는 그러한 사건의 결과로 인하여 종전의 상주국 밖에 있는 무국적자로서, 상주국에 돌아갈 수 없거나, 또는 그러한 공포로 인하여 상주국으로 돌아가는 것을 원하지 아니하는 자.
2개 이상의 국적을 가진 자의 경우, "국적국"의 용어는 그가 국적을 가지고 있는 국가 각각을 의미하며, 또한 충분한 근거가 있는 공포에 기초한 정당한 이유 없이 국적국 중 어느 한 국가의 보호를 받고 있지 아니하였다면 당해인에게 국적국의 보호가 없는 것으로 인정되지 아니한다.
B. (1) 이 협약의 목적상, 제1조 제A항의 "1951년 1월 1일 이전에 발생한 사건"의 용어는, 다음중 어느 하나
   (a) "1951년 1월 1일 이전에 유럽에서 발생한 사건". 또는
   (b) "1951년 1월 1일 이전에 유럽이나 기타 지역에서 발생한 사건"을 의미하는 것으로 이해되며, 또한 각 체약국은 서명, 비준 또는 가입 시에 이 협약상의 의무를 이행함에 있어서 상기 두 가지 의미 중 어느 규정을 적용할 것인지를 명백히 하는 선언을 한다.
   (2) (a)규정을 채택한 체약국은 (b)규정의 적용을 채택하여 국제연합 사무총장에게 통고함으로써 언제든지 그 의무를 확대할 수 있다.
C. 이 협약은 제A항의 조건을 충족하는 자가 다음과 같은 경우에 해당되는 경우 그 적용이 중지된다.
   (1) 자발적으로 국적국의 보호를 다시 받고 있는 경우. 또는

    (2) 국적을 상실한 후, 자발적으로 국적을 회복한 경우. 또는

    (3) 새로운 국적을 취득하고, 또한 새로운 국적국의 보호를 받고 있는 경우. 또는

    (4) 박해를 받을 우려가 있는 공포 때문에 거주하고 있는 국가를 떠나거나 또는 그 국가 밖에서 체류하고 있다가 자발적으로 그 국가에 재정착한 경우. 또는

    (5) 난민으로 인정되게 된 관련사유가 소멸되었기 때문에, 더 이상 국적국의 보호를 받는 것을 거부할 수 없게 된 경우.

다만, 이 조항은 제A항 제1호에 해당되는 난민으로서 국적국의 보호를 거부하기 위하여 과거의 박해로부터 발생한 불가피한 사유에 호소하는 자에게는 적용되지 아니한다.

    (6) 무국적자로서, 난민으로 인정되게 된 관련사유가 소멸되었기 때문에, 종전의 상주국으로 돌아갈 수 있는 경우.

다만, 이 조항은 동조 제A항 제1호에 해당하는 난민으로서 종전의 상주국으로 돌아가는 것을 거부하기 위하여 과거의 박해로 부터 발생한 불가피한 사유에 호소하는 자에게는 적용되지 아니한다.

D. 이 협약은 국제연합 난민고등판무관 외에 국제연합의 다른 기구 또는 기관으로부터 보호 또는 원조를 현재 받고 있는 자에게는 적용되지 아니한다.

그러한 보호 또는 원조를 현재 받고 있는 자의 지위가 국제연합 총회에 의하여 채택된 관련 결의문에 따라 최종적으로 해결됨이 없이 그러한 보호 또는 원조의 부여가 어떠한 이유로 중지되는 경우, 그러한 자는 그 사실에 의하여 이 협약상의 이익을 부여받을 자격이 있다.

E. 이 협약은 당해인이 거주하고 있는 국가의 관할기관에 의하여 그 국가의 국적보유에 수반되는 권리와 의무를 가지는 것으로 인정된 자에게는 적용되지 아니한다.

F. 이 협약의 규정은 다음 각호에 해당된다고 인정된 상당한 이유가 있는 자에게는 적용하지 아니한다.

    (a) 평화에 반하는 범죄, 전쟁범죄, 또는 인도에 반하는 범죄에 관하여 규정하고 있는 국제문서에서 정하여진 범죄를 저지른 자.

    (b) 난민으로서 피난국에 입국하는 것이 허가되기 이전에 그 국가 밖에서 중대한 비정치적 범죄를 저지른 자.

    ⓒ 국제연합의 목적과 원칙에 반하는 행위를 한 자.

---

187) 유엔난민기구(UNHCR). "1951년 난민의 지위에 관한 협약". https://www.unhcr.or.kr/unhcr/html/001/001001003003.html

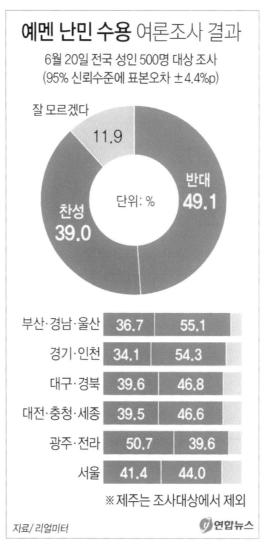

예멘 난민 수용 여론조사 결과

6월 20일 전국 성인 500명 대상 조사
(95% 신뢰수준에 표본오차 ±4.4%p)

잘 모르겠다
11.9

단위: %

반대
49.1

찬성
39.0

	찬성	반대
부산·경남·울산	36.7	55.1
경기·인천	34.1	54.3
대구·경북	39.6	46.8
대전·충청·세종	39.5	46.6
광주·전라	50.7	39.6
서울	41.4	44.0

※ 제주는 조사대상에서 제외

자료/리얼미터   연합뉴스

장예진 기자 / 20180621
트위터 @yonhap_graphics 페이스북 tuney.kr/LeYN1

출처: 연합뉴스[188]

<그림 5.4.-8> 한국 입국 예멘 난민신청자 수용 여론조사

<그림 5.4.-8>은 한국 입국 예멘 난민신청자 수용 여론조사 결과이다. 응답자 중 49%가 난민신청자 수용에 반대하였고, 단지 39%만이 난민신청자 수용에 찬성하였다.

또한 한국에서 난민인정 비율은 난민수의 증가에 따라서 점차 낮아지고 있다.

한국을 포함한 이와 같이 이민이 증가하는 가운데 현지사회에 적응하지 못한 이민자 그룹들 역시 발생하고 있다. 그리고 이들 중 일부는 극단적인 종교와 연결되어 본인이 거주하고 있는 주류사회에 대한 테러행위를 저지르기도 하였다. 대표적인 사례가 2005년 런던

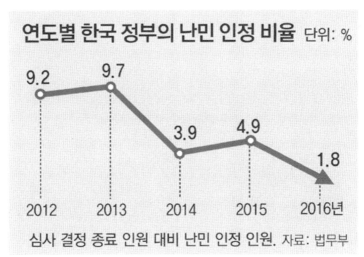

출처: 동아일보189)

<그림 5.4.-9> 연도별 한국 정부의 난민 인정비율

188) 연합뉴스. "제주 예멘 난민 수용…반대 49% vs 찬성 39%". (2018년 6월 21일 기사)
http://www.yonhapnews.co.kr/bulletin/2018/06/21/0200000000AKR20180621036400001.HTML
189) http://news.donga.com/more29/3/all/20171202/87548362/1

지하철과 버스에서 감행된 테러행위와 2015년 파리 시내와 바타클랑 극장에서 감행된 테러행위이다. 테러범들은 외부에서 유입된 자들이 아니고 현지사회에 적응하지 못한 이민 1세대 혹은 2세대였기에 유럽사회는 충격을 받았다. 그리고 대다수 이민자들이 현지 사회질서에 적응하고 있지만 이민자에 대한 주류사회의 여론은 악화되어 갔다.

2016년 EU 탈퇴에 대한 영국의 국민투표에서 EU 탈퇴가 예상을 깨고 국민투표 결과로 결정되었다. 당시 영국 Brexit 투표에서 주요 이슈 중 하나가 이민문제였다.

Brexit 국민투표 결과를 보면, 런던지역을 제외하고 이민자 유입이 많았던 잉글랜드 지역에서 EU탈퇴에 대한 지지가 강하게 나타났다.

이민자와 난민 유입 증가에 따라서 나타난 유럽에서 나타나고 있는 또 다른 문제는 극우세력이 약진하고 있다는 점이다.

신나치에 뿌리를 둔 '스웨덴 민주당'이 2018년 9월 9일 총선에서 17.6%(349석 중 62석)를 얻어 제 3당 자리를 차지하며 급부상하였다. 스웨덴 민주당은 2014년 총선에서는 반난민 정서를 자극해 12.9%를 득표한 데 이어 2018년 총석을 통해서 의석을 더욱 확대하였다. 정당별 득표율로는 각각 중도좌파와 중도우파의 중심인 사민당(28.4%)과 보수당(19.8%)에 이어 3위의 성적이었다.

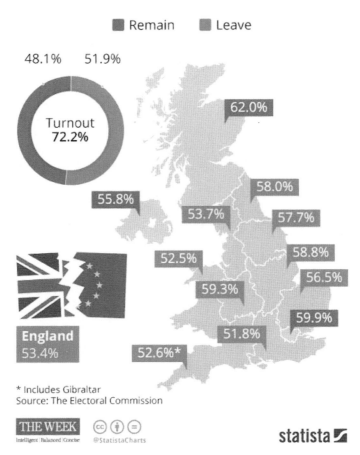

UK chooses Brexit
EU referendum results by region

■ Remain　　■ Leave

48.1%　　51.9%

Turnout
72.2%

62.0%

55.8%

58.0%

53.7%

57.7%

52.5%

58.8%

59.3%

56.5%

59.9%

England
53.4%

52.6%*

51.8%

* Includes Gibraltar
Source: The Electoral Commission

THE WEEK
Intelligent｜Balanced｜Concise
@StatistaCharts

statista

출처: The Week[190]

<그림 5.4.-10> 2016년 6월 23일 BREXIT 투표결과

190) The Week. "EU referendum: How did your area vote?". (2016년 6월 24일 기사) http://www. theweek.co.uk/brexit/73825/eu-referendum-how-did-your-area-vote

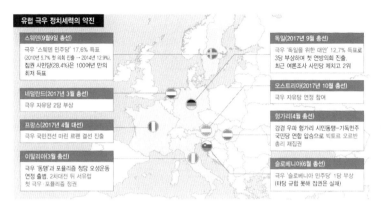

<그림 5.4.-11> 유럽 극우 정치세력의 약진

2018년 스웨덴 총선에서 가장 큰 이슈는 난민 정책이었다. 인구가 1000만여명인 스웨덴은 2015년 16만 3천여명의 난민을 수용하는 등 2012년 이후 40만명이 넘는 난민을 받아들였다. 세계에서 인구 대비 가장 많은 난민을 수용하면서 주류사회의 불만이 확대되었다. 이와 같은 상황에서 2017년 4월 우즈베키스탄 출신 남성이 트럭을 몰고 스톡홀름 번화가에서 행인들을 향해 돌진해 5명이 사망한 사건을 계기로 반난민 정서가 고조됐다. 스웨덴 민주당은 신규 이민자 신청 유예, 불법 이민자 추방, 국적 심사 강화를 기초로 한 반난민 정책을 선거공약으로 내세웠다.

2015년 시리아 내전으로 100만명의 난민이 유럽으로 몰려들자 각지에서 반난민 정서를 앞세운 극우 정당이 급속히 성장했다. 2017

---

191) 한겨레. "불안 자극한 '난민 공포'…북유럽 복지국가마저 '극우 소환'" (2018년 9월 10일 기사) http://www.hani.co.kr/arti/international/europe/861490.html#csidxa0ebc8616ce879eb940c33cad4 e1333

년 3월 네덜란드 총선에서 극우 자유당이 제 2당 자리를 차지하였고, 2017년 9월 독일 총선에서 극우 '독일을 위한 대안'이 12.7% 득표율로 제 3당에 오르며 연방의회에 진출했다. 2018년 4월에는 헝가리 총선에선 빅토르 오르반 총리가 반난민·반유럽연합 구호를 앞세워 4선에 성공했다. 헝가리 정부는 난민을 도우면 처벌한다는 법까지 만들었다. 2018년 6월 슬로베니아 총선에서도 반난민 캠페인을 벌인 '슬로베니아 민주당'이 제1당 자리에 올랐다.[192]

이와 같은 반이민 정서는 앞서 보았듯이 유럽에만 국한되지 않는다. 2016년 미국 대통령선거에서 중요한 이슈 중 하나가 미국-멕시코 국경에 소위 'Trump Wall'이라는 장벽을 세우는 것이었다.

출처: Telegraph.co.uk

<그림 5.4.-12> 2011년 런던 폭동

---

192) 유럽의 난민유입 증가와 극우 세력의 부상에 관한 서술은 다음 기사를 재인용하였다.
한겨레. "불안 자극한 '난민 공포'…북유럽 복지국가마저 '극우 소환'" (2018년 9월 10일 기사)
http://www.hani.co.kr/arti/international/europe/861490.html#csidxa0ebc8616ce879eb940c33cad4e1333

출처: France Inter193)

<그림 5.4.-13> 2005년 프랑스 이민자 폭동

193) France Inter. https://www.franceinter.fr/emissions/affaires-sensibles/affaires-sensibles-02-fevrier-2015

제 6 장

세계화와 기후변화 대응*

세계화의 진전에 따라서 개발도상국에서 산업생산은 확대되었으며, 특히 중국은 세계의 공장으로 불릴 정도로 전 세계 산업생산이 중국에 집중되었다. 이에 따라, 과거 선진국을 중심으로 논의되던 기후변화 대응에서 탄소배출 1위국가인 중국의 중요성은 더욱 부상하게 되었다.

지구온난화에 따른 기후변화에 적극 대처하기 위하여 국제사회는 1988년 UN총회 결의에 따라 세계기상기구(WMO: World Meteorological Organization)와 유엔환경계획(UNEP: United Nations Environment Programme)에 "기후변화에 관한 정부간 패널(IPCC: Inter-Governmental Panel on Climate Change)"을 설치하였다. 1992년 6월 3일부터 6월 14일까지 브라질 리우데자네이루에서 열린 "유엔환경개발회의(UNCED: United Nations Conference on Environment and Development)"에 185개국 정부 대표단과 114개국 국가원수 및 정부수반이 참석하여 지구 환경 문제를 논의하였다. 회

* [6. 세계화와 기후변화 대응]은 아래의 논문을 재구성하였다.
   안상욱, 「세계기후 변화 대응과 중국의 부상」, 『중소연구』 42권 1호 (2018), pp. 101-134.

의 결과 지구헌장으로서 "환경과 개발에 관한 리우 선언 (Rio Declaration on Environment and Development)", 환경보전 행동계획으로서 "아젠다 21 (Agenda 21)", 지구온난화 방지를 위한 "유엔기후변화협약 (UNFCCC: The United Nations Framework Convention on Climate Change)", 종의 보전을 위한 "생물학적 다양성 보전조약 (Convention on Biological Diversity)", "삼림보전을 위한 원칙(Forest Principles)", "유엔사막화방지협약(UNCCD: The United Nations Convention to Combat Desertification)" 등이 채택되었다.

유엔기후변화협약에 따라 회원국에 대한 의무사항은 모든 당사국이 부담하는 공통의무사항과 일부 회원국만이 부담하는 특정의무사항으로 구분되었다. 공통의무사항은 모든 당사국들은 온실가스 배출량 감축을 위한 국가전략을 자체적으로 수립·시행하고 이를 공개해야 함과 동시에 온실가스 배출량 및 흡수량에 대한 국가통계와 정책이행에 관한 국가보고서를 작성, 당사국총회(COP)에 제출하도록 규정(제4조 1항)한 것이다. 특정의무사항은 협약 당사국을 부속서 I (Annex I), 부속서 II (Annex II) 및 비-부속서 I (Non-Annex I) 국가로 구분, 다른 의무를 부담토록 규정(제4조)한 것이다.

부속서 I 국가[193)는 온실가스 배출량을 1990년 수준으로 감축하기 위하여 노력토록 규정하였으나 강제성은 부여하지 않았다. 부속서 II 국가[194)는 개발도상국에 대한 재정 및 기술이전의 의무를 가지게

---

193) 호주, 오스트리아, 벨라루스, 벨기에, 불가리아, 캐나다, 체코슬로바크, 덴마크, 유럽연합(당시 유럽연합은 15개 회원국), 에스토니아, 핀란드, 프랑스, 독일, 그리스, 헝가리, 아이슬란드, 아일랜드, 이탈리아, 일본, 라트비아, 리투아니아, 룩셈부르크, 네덜란드, 뉴질랜드, 노르웨이, 폴란드, 포르투갈, 루마니아, 러시아, 스페인, 스웨덴, 스위스, 터키, 우크라이나, 영국, 미국 (유엔기후변화협약에 대한 미국의 비준거부에 따라 호주도 비준을 거부하였다. 그러나 2007년 호주의 정권교체에 따라 호주에서 유엔기후변화협약이 비준되었다.) 당시 유럽연합 회원국은 오스트리아, 벨기에, 덴마크, 핀란드, 프랑스, 독일, 그리스, 아일랜드, 이탈리아, 룩셈부르크, 네덜란드, 포르투갈, 스페인, 스웨덴, 영국.

되었다. 당시 유럽연합 회원국이었던 15개 국가가 부속서 Ⅰ 국가의 상당수를 차지하였고, 부속서 Ⅱ 국가의 대부분을 차지하였다.

1997년 12월 11일 일본 교토 시에서 개최된 지구 온난화 방지 교토 회의(COP3) 제3차 당사국 총회에서 채택된 교토의정서에서, 온실효과를 나타내는 이산화탄소를 비롯한 모두 6종류의 감축 대상 가스(온실 기체)의 법적 구속력을 가진 배출 감소 목표가 지정되었고, 교토 의정서 제3조는 2008년-2012년까지의 기간 중에 유엔기후변화협약 부속서 Ⅰ 국가의 온실가스 배출량을 1990년 수준보다 적어도 5.2% 이하로 감축할 것을 목표로 하였다. 이에 따라 EU회원국와 EU 가입 후보국[195])이 다수를 차지하는 부속서 Ⅰ국가에서 EU의 역할은 보다 중요하였다. 특히 교토의정서에 따라서, 온실가스 감축의무를 효과적이고 경제적으로 달성하기 위해 공동이행,[196) 청정개발체제,[197) 배출권거래제[198) 등 세 가지의 교토메커니즘(Kyoto Mechanism)을 도입되었다(교토의정서 제6조, 12조, 17조)되었다.[199) 2005년에 유럽

---

194) 호주, 오스트리아, 벨기에, 캐나다, 덴마크, 유럽연합(당시 유럽연합은 15개 회원국), 핀란드, 프랑스, 독일, 그리스, 아이슬란드, 아일랜드, 이탈리아, 일본, 룩셈부르크, 네덜란드, 뉴질랜드, 노르웨이, 포르투갈, 스페인, 스웨덴, 스위스, 터키, 영국, 미국 (유엔기후변화협약에 대한 미국의 비준거부에 따라 호주도 비준을 거부하였다. 그러나 2007년 호주의 정권교체에 따라 호주에서 유엔기후변화협약이 비준되었다.) 당시 유럽연합 회원국은 오스트리아, 벨기에, 덴마크, 핀란드, 프랑스, 독일, 그리스, 아일랜드, 이탈리아, 룩셈부르크, 네덜란드, 포르투갈, 스페인, 스웨덴, 영국.

195) EU는 냉전 붕괴 이후 중동부 유럽국가들과 EU가입협상을 진행하여 2004년 10개국(에스토니아, 리투아니아, 라트비아, 폴란드, 체코, 슬로바키아, 헝가리, 슬로베니아, 몰타, 키프로스) 2007년 2개국(루마니아, 불가리아)을 신규회원국으로 받아들였다.

196) 공동이행제도(Joint Implementation, JI): 부속서 Ⅰ 국가(선진국)들 사이에서 온실가스 감축사업을 공동으로 수행하는 것을 허용

197) 청정개발체계(Clean Development Mechanism, CDM): 선진국이 개발도상국에서 온실가스 감축사업을 수행하여 달성한 실적의 일부를 선진국의 감축량으로 허용

198) 배출권 거래제도(Emission Trading, ET): 의무감축량을 초과 달성한 선진국이 이 초과분을 다른 선진국과 거래할 수 있도록 허용

199) 한국전력, "교토의정서," https://home.kepco.co.kr/kepco/KE/D/htmlView/KEDBHP009. do?menuCd=FN0103030202
국토환경정보센터, "기후변화협약," http://www.neins.go.kr/etr/climatechange/doc06a.asp

연합은 2005년에 배출권거래시장인 EU ETS(EU emissions trading system)을 설립하였고 현재 세계 최대의 배출권 거래시장이 되었다. 교토의정서는 미국과 호주가 비준거부를 하면서 발효가 불투명한 상황을 맞이하기도 하였다. 이와 같은 상황에서 EU의 리더십과 러시아의 참여를 통해서 교토의정서는 발효될 수 있었다.

교토의정서 이후 EU차원의 온실가스 배출에서 EU의 적극적인 리더십으로, EU에서의 온실가스 감축은 획기적으로 감소하였다. 그러나 EU의 온실가스 감축으로 EU가 전 세계 온실가스 감축에서 차지하는 비중도 줄어, 더 이상 전 세계 온실가스 감축에서 EU가 발휘하는 영향 역시 급격하게 축소되었다. 2013년 EU는 전 세계 온실가스 배출의 10.3%를 차지하고 있을 뿐이다. 2013년 미국의 온실가스 배출이 전 세계 온실가스 배출에서 차지하는 비중은 15.9%였고, 중국의 온실가스 배출이 전 세계 온실가스 배출에서 차지하는 비중은 28%였다. 1990년 전 세계 온실가스 배출에서 중국이 차지했던 비중은 5.8%였고, EU가 차지했던 비중은 19.5%, 미국이 차지했던 비중은 23%였다.

따라서 이제 중국 및 개발도상국의 적극적인 참여 없이는 전 세계 차원의 온실가스 배출을 감축하는 것을 기대하기 어려운 상황에 직면하게 되었다. 이와 같은 고민에서 2015년 신기후체제가 출범하였다. 2015년 제21차 당사국총회(COP21, 파리)에서는 2020년부터 선진국과 개발도상국의 구별없이 모든 국가가 온실가스 감축에 참여하는 파리 협정(Paris Agreement)이 채택되어 신기후체제가 출범하였다. 파리 협정은 지구 평균기온 상승을 산업화 이전 대비 2℃ 보다 낮은 수준으로 유지하고, 1.5℃로 제한하기 위해 노력한다는 목표 아래, 각국이 2020년부터 온실가스 감축을 위한 기후행동에 참여하며, 5년 주기 이행점검을 통해 온실가스 감축 노력을 강화하도록 규정하고 있다.

EU집행위원회의 자료인 <그림 6.-1>에 따르면, 1990년 전 세계 온실가스 배출에서 중국이 차지했던 비중은 5.8%였고, EU가 차지했던 비중은 19.5%, 미국이 차지했던 비중은 23%였다. 그러나 2013년 전 세계 온실가스 배출에서 EU가 차지하는 비중은 10.3%로 급격하게 축소되었다.

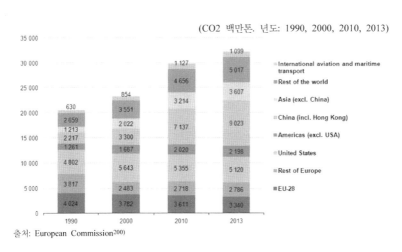

출처: European Commission[200]

<그림 6.-1> 연료연소를 통한 전 세계 탄소배출

2013년 전 세계 온실가스 배출에서 미국이 차지하는 비중도 15.9%로 축소되었다. 반면에 2013년 전 세계 온실가스 배출에서 중국이 차지하는 비중은 28%로 급증하였다. EU의 탄소배출 감축 가이드라인과 EU회원국별로 이에 대한 정책실행으로 EU 내에서 온

---

200) European Commission, "Europe 2020 indicators," http://ec.europa.eu/eurostat/statistics-explained/index.php/Europe_2020_indicators_-_climate_change_and_energy

실가스 배출은 크게 감소하였다. 그러나 이와 같은 상황변화는 역설적으로 EU차원의 노력만으로 더 이상 전 세계 탄소배출을 억제하는데 중요한 영향을 발휘할 수 없게 되었다. 기후변화문제에 대한 논의가 본격화되었던 1990년 EU의 탄소배출은 중국의 2배에 가까웠지만, 2013년 중국의 탄소배출은 EU의 2.7배의 규모로 확대되었다. 또한 중국을 제외한 아시아에서 탄소배출도 1990년부터 2013년 사이에 3배로 증가하여서, 이제 중국을 제외한 아시아 지역이 EU를 능가하는 탄소배출을 하고 있다.

(단위: 10억 석유환산톤)

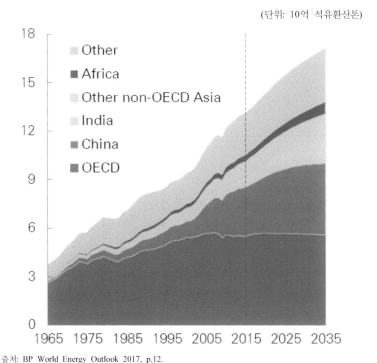

출처: BP World Energy Outlook 2017, p.12.

<그림 6.-2> 세계 각 지역 별 에너지 소비

세계 각 지역별 에너지소비 변화에 대한 BP의 자료인 <그림 6.-2>에 따르면, 2000년대 중반이후 OECD국가에서 에너지소비는 소폭 감소추세에 있는 반면에, 중국에서 에너지소비는 급증하였다.

<그림 6.-2>에서 보는 바와 같이 중국, 인도, 아시아와 같은 신흥국가에서 에너지소비가 빠른 속도로 증가하고 있다. 1990년대까지도 전 세계 에너지 소비의 대부분은 OECD국가가 주도하였다. 그러나 이후 신흥국의 에너지 소비가 급격하게 증가하면서 향후 전 세계 에너지 소비를 신흥국이 주도할 것으로 예상하고 있다.

특히 중국에서 에너지소비는 다른 신흥국가에 비해서도 더욱 빠른 속도로 확대되었다. 그러나 이와 같은 중국 내에서 에너지소비의 급속한 확대는, <그림 6.-1>에서 제시한 것과 같이, 중국 내의 탄소 배출의 급격한 증가를 초래하였다.

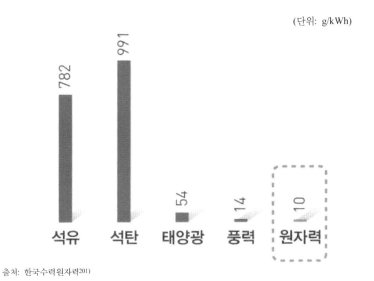

(단위: g/kWh)

출처: 한국수력원자력[201]

<그림 6.-3> 발전원별 이산화탄소 배출량

특히 <그림 6.-3>에서 보는 바와 같이 발전원별 온실가스 배출은 석탄이 다른 에너지원에 비해서 월등하게 높다. 그런데 중국은 세계 최대의 석탄생산국가이자 소비국가이다.[202] 2016년 중국은 전 세계 석탄생산의 46.1%, 전 세계 석탄소비의 50.6%를 차지하였다. 전 세계 석탄의 생산과 소비는 대부분 중국에서 이루어진다고 볼 수 있다.

중국에서 석탄소비는 2006년 14억 5470만 석유환산톤에서 2016년 18억 8760만 석유환산톤으로 급증하였다. 반면에 선진국에서 석탄소비는 크게 감축되고 있다. 미국에서 석탄소비는 2006년에 5억 6570만 석유환산톤이었다. 2016년에는 3억 5840만 석유환산톤으로 감축되었다. 2006년 EU에서 석탄소비는 3억 2720만 석유환산톤이었다. EU내에서도 석탄소비가 감소하여, 2016년에는 2억 3840만 석유환산톤이 되었다.

2016년 전 세계 석탄소비에서 중국(50.6%), 인도(11%), 미국(9.6%), EU(6.4%)가 차지하는 비중은 77.6%였다. 2016년 전 세계 석탄생산에서 중국(46.1&), 호주(8.2%), 미국(10.6%), 인도(7.9%), 인도네시아(7%), 러시아(5.3%)가 차지하는 비중은 85.1%였다.

특히 석탄은 중국 1차 에너지소비에서 가장 높은 비중을 차지하고 있는 에너지원이다.

이와 같이 중국 에너지소비에서 석탄에 대한 높은 의존도는 중국 내에서의 대기오염 및 지구온난화를 초래하는 탄소배출의 주요 원인 중 하나가 되었다. 중국정부도 이를 의식하여 석탄 등 화석에너지 사용을 다른 에너지원으로 대체하려고 노력하였다.

---

201) 한국수력원자력. 2015. "발전원별 이산화탄소 배출량." http://blog.khnp.co.kr/blog/archives/10695
202) BP, *Statistical Review of World Energy* (June 2017), pp. 38-39.

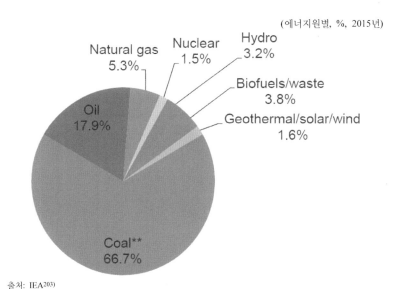

Natural gas
5.3%

Nuclear
1.5%

Hydro
3.2%

Biofuels/waste
3.8%

Geothermal/solar/wind
1.6%

Oil
17.9%

Coal**
66.7%

출처: IEA[203]

<그림 6.-4> 중국 1차 에너지소비

    중국정부의 노력을 파악할 수 있는 사례 중 하나가 2012년 중국 정부가 발표한 '중국에너지정책백서(2012)'[204]였다. 중국에너지정책 백서에 따르면, 중국은 기존 화석에너지 이용의 효율성을 증진하여 화석에너지 사용을 억제하고, 지나치게 석탄에 의존한 에너지자원의 이용을 원자력, 신재생에너지의 이용으로 다원화하였다. 2012년 중국에너지정책 백서에서 중국정부는 12차 5개년 계획기간(2011년 -2015년) 중에 1차 에너지 소비 중 비화석에너지 비중을 11.4%로 증대하려 하였다. 그림4에서 보는 바와 같이, 2차 5개년 계획의 마

203) IEA, "Share of total primary energy supply in 2015: People's Republic of China," http://www.iea.org/stats/WebGraphs/CHINA4.pdf

204) 중국국무원보도판공실, "중국에너지정책(2012)백서," http://www.gov.cn/english/official/2012-10/24/content_2250497.htm

지막 해인 2015년에 중국 1차 에너지소비에서 비화석에너지인 수력 (3.2%), 바이오연료/바이오폐기물(3.8%), 지열/태양열/풍력 (1.6%), 원자력 (1.5%)이 차지하는 비중은 10.1%로 확대되었다.

비화석에너지 분야에서 중국의 역할증대는 원자력에너지와 신재생에너지에서 집중적으로 이루어졌다.

상업적 원전건설이 인류역사에서 시작된 이래 대부분의 해(年)에 신규운영되는 원자로 수가 폐로 되는 원자로 수를 능가하였다.

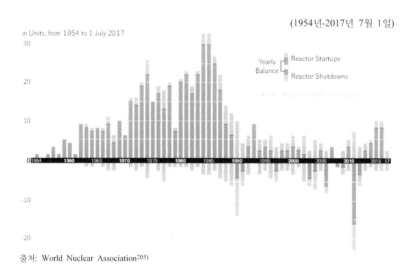

(1954년-2017년 7월 1일)

출처: World Nuclear Association[205]

<그림 6.-5> 전 세계 원전로 신규운영과 폐로 현황

205) World Nuclear Association, https://www.worldnuclearreport.org/IMG/pdf/20170912wnisr2017-en-lr.pdf 20).

206) World Nuclear Association, https://www.worldnuclearreport.org/IMG/pdf/20170912wnisr2017-

<표 6.-1> 전 세계에서 건설 중인 원자로 현황

(2017년 7월 1일 기준)

Country	Units	Capacity MW net	Model	Construction Start (dd/mm/yyyy)	Expected Grid Connection	Behind Schedule
Argentina	1	25				
Carem25		25	CAREM (PWR)	08/02/2014	2019[1]	yes
Belarus	2	2 218				
Belarusian-1		1 109	VVER V-491	06/11/2013	End 2019[2] (commercial operation)	yes
Belarusian-2		1 109	VVER V-491	03/06/2014	Late 2020[3] (commercial operation)	
China[4]	20	20 500				
Fangchenggang-3		1000	HPR-1000 (Hualong One)	24/12/2015	2019[5]	
Fangchenggang-4		1000	HPR-1000 (Hualong One)	23/12/2016	2020[6]	
Fuqing-4		1000	CPR-1000	01/10/2012	7/2017[7]	
Fuqing-5		1000	HPR-1000 (Hualong One)	07/05/2015	6/2020 (Completion)[8]	yes
Fuqing-6		1000	HPR-1000 (Hualong One)	22/12/2015	2020[9]	
Haiyang-1		1000	AP-1000	24/09/2009	2018[10] (commercial operation)	yes
Haiyang-2		1000	AP-1000	21/06/2010	2018[11]	yes
Hongyanhe-5		1000	ACPR-1000	29/03/2015	2019[12]	
Hongyanhe-6		1000	ACPR-1000	24/07/2015	2020[13]	
Sanmen-1		1000	AP-1000	19/04/2009	2018[14]	yes
Sanmen-2		1000	AP-1000	17/12/2009	2018[15]	yes
Shidao Bay-1		200	HTR-PM	01/12/2012	2018[16]	yes
Taishan-1		1660	EPR-1750	28/10/2009	S2/2017[17]	yes
Taishan-2		1660	EPR-1750	15/04/2010	S1/2018[18]	yes
Tianwan-3		990	VVER V-428M	22/12/2012	2/2018[19]	yes
Tianwan-4		990	VVER V-428M	27/09/2013	3/2019[20]	yes
Tianwan-5		1000	ACPR-1000	27/12/2015	12/2020[21] (commercial operation)	
Tianwan-6		1000	ACPR-1000	07/09/2016	10/2021[22] (commercial operation)	
Yangjiang-5		1000	ACPR-1000	18/09/2013	11/2017[23]	
Yangjiang-6		1000	ACPR-1000	31/12/2013	7/2019[24]	yes
Finland	1	1600				
Olkiluoto-3		1600	EPR	12/08/2005	2018[25]	yes
France	1	1600				
Flamanville-3		1600	EPR	03/12/2007	Second Quarter 2019[26]	yes

en-lr.pdf

India	6	3907				
Kakrapar-3		630	PHWR-700	22/11/2010	2018[31] (commercial operation)	yes
Kakrapar-4		630	PHWR-700	22/11/2010	2018[32] (commercial operation)	yes
Kudankulam-3		917	VVER1000	29/06/2017	mid-2023[33] (completion)	
PFBR		470	FBR	23/10/2004	2018[34]	yes
Rajasthan-7		630	PHWR	18/07/2011	2018[35] (completion)	yes
Rajasthan-8		630	PHWR	30/09/2011	2019[36]	yes
Japan[a]	1	1325				
Shimane-3		1325	ABWR	12/10/2007	?[37]	yes
Pakistan	2	2028				
Kanupp-2		1014	ACP-1000 (Hualong One)	20/08/2015	2021	
Kanupp-3		1014	ACP-1000 (Hualong One)	31/05/2016[38]	Late 2022[39]	
Russia	6	4359				
Leningrad 2-1		1085	VVER V-491	25/10/2008	5/2018[40]	yes
Leningrad 2-2		1085	VVER V-491	15/04/2010	11/2019[41]	yes
Novovoronezh 2-2		1114	VVER V-392M	12/07/2009	10/2018[42]	yes
Rostov-4		1011	VVER V-320	01/01/1983[43]	12/2017[44]	yes
Akademik Lomonosov-1		32	KLT-40S 'Floating'	15/04/2007	2019	yes
Akademik Lomonosov-2		32	KLT-40S 'Floating'	15/04/2007	2019	yes
Slovakia	2	880				
Mochovce-3		440	VVER V-213	01/01/1985	End 2018[45] (operation)	yes
Mochovce-4		440	VVER V-213	01/01/1985	End 2019[46] (operation)	yes
South-Korea	3	4020				
Shin-Hanul-1		1340	APR-1400	10/07/2012	4/2018[44] (commercial operation)	yes
Shin-Hanul-2		1340	APR-1400	19/06/2013	2/2019[47] (commercial operation)	yes
Shin-Kori-4		1340	APR-1400	19/09/2009	9/2018[48] (commercial operation)	yes
UAE	4	5380				
Barakah-1		1345	APR-1400	19/07/2012	2018[49]	yes
Barakah-2		1345	APR-1400	30/05/2013	2018	?
Barakah-3		1345	APR-1400	24/09/2014	2019	?
Barakah-4		1345	APR-1400	30/07/2015	2020	?
USA	4	4468				
Summer-2[a]		1117	AP-1000	09/03/2013	2020	yes
Summer-3		1117	AP-1000	02/11/2013	2020	yes
Vogtle-3		1117	AP-1000	12/03/2013	mid-2019[a]	yes
Vogtle-4		1117	AP-1000	19/11/2013	mid-2020[50]	yes
WORLD	53	52310			2017-2023	37

출처: World Nuclear Association[206]

　　이는 원자로 운영에 대한 각국 정책의 상이함에도 불구하고 전 세계적으로는 원전운영이 확대되어 왔음을 의미하는 것이다. 특히 후쿠시마 원전사태가 발생한 2011년 대규모 폐로가 진행되었지만, 이후 전 세계 원자로는 다시 증가추세에 있다. 이를 가늠할 수 있는 실례가 2015년 6월 1일부터 6월 3일까지 러시아 모스크바에서 열린

'아톰엑스포-2015 (ATOMEXPO-2015) 총회'였다.

아톰엑스포-2015는 원자력 에너지 발전에 관련한 다양한 주제들과 세계 원자력 에너지 산업 발전 동향에 대한 견해와 경험을 교환하는 장을 마련하였다. 아톰엑스포-2015에 참석한 에너지 전문가들에 따르면, 원자력에너지는 기후변화와 온실가스 감축, 경제성, 에너지 안보 등 다양한 환경변화에 능동적으로 대응할 수 있는 에너지자원이다. 안전성이 확보된다면 온실가스 감축이라는 목표를 달성하는 데 가장 효율적인 전력생산원이 원자력이다.[207]

또한 이와 같은 원자로 운영증가를 중국 등의 신흥국이 주도하고 있다는 측면에서 과거의 원자력 발전 운영확대와는 다른 경향을 보이고 있다. <표 6.-1>은 전 세계에서 건설 중인 원자로 현황을 보여주는 세계원자력협회(World Nuclear Association) 자료이다. 현재 건설 중인 원자로는 미국에서 4기, 아랍에미리트에서 4기, 러시아에서 6기, 인도에서 6기, 핀란드에서 1기, 프랑스에서 1기, 슬로바키아에서 2기, 벨라루스에서 2기, 아르헨티나에서 1기인 반면에 중국에서는 20기의 원자로가 건설되고 있다. 전 세계 신규원전 건설에서 중국이 차지하는 비중은 압도적으로 높다고 할 수 있다.

세계원자력협회의 자료인 그림6에서 보는 바와 같이, 전 세계에서 신규 건설되는 원자로, 특히 후쿠시마 사태가 있었던 2011년 이후 신규 건설되는 원자로의 대부분은 중국에서 건설되고 있다. 현재 중국에서 건설 중인 20기의 원자로 중 14기가 후쿠시마 사태가 있었던 2011년 이후에 건설이 시작되었다.

물론 중국 역시 후쿠시마 원전사고 직후에는 원자력발전소 신규 건설 허가를 1년 동안 중지하였었다. 후쿠시마 원자력발전소 사고가

---

207) "아톰엑스포-2015." http://ep-bd.com/online/details.php?cid=31&id=18597

발생한 5일 후인 2011년 3월 16일 당시 총리였던 원자바오의 주재로 중국 국무원 상무회의에서 일본 후쿠시마 원전사고 관련 대응책을 논의하였다. 논의의 결과 중국 내에서 가동 중이거나 건설 중인 원자력발전 시설에 대해 전면적인 안전검사를 실시하고 원자력 안전계획 제정 때까지 신규 건설허가를 당분간 중단하는 것이 결정되었다.[208] 그러나 2012년 10월 점진적이고 질서 있게 원전 건설을 재개한다는 내용을 골자로 한 핵안전 계획과 원전 중장기 발전 계획을 통과시켰고 이후 장쑤(江蘇)성 렌윈강(連雲港) 소재 원자력 발전소 2기 건설공사를 시작으로 원전 신규 착공을 재개하였다[209]

(1954년-2017년 7월 1일)

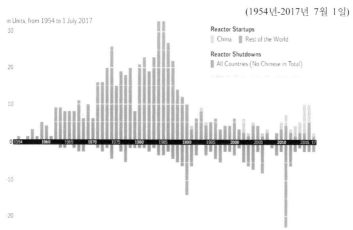

출처: World Nuclear Association[210]

<그림 6.-6> 전 세계 원자로 신규운영과 폐로 현황 및
전 세계 원자로 신규운영에서 중국의 비중

208) 차상근, "중, 신규 핵시설 허가 일시중단 및 가동시설 전면검사," 『파이낸셜뉴스』 2011. 3. 17, http://www.fnnews.com/view?ra=Sent1101m_View&corp=fnnews&arcid=00000922254913&cDateYear=2011&cDateMonth=03&cDateDay=17.
209) 황희경, "중국, 일본 원전 사고 이후 첫 신규 원전 가동," 『연합뉴스』 2013. 2. 18, http://www.yonhapnews.co.kr/international/2013/02/18/0601050100AKR20130218169000074.HTML

출처: World Nuclear Association[211]

<그림 6.-7> 중국 내 신규원전 건설

현재 중국 내 원전은 중국 내 산업지대가 집중된 중국의 동부해안 지역을 중심으로 건설되고 있다. 그리고 중국이 원자력발전소를 운영한 지난 20년간 중요 원자력발전 사고가 일어나지 않았던 점과 원자력발전소의 안전상태가 세계 평균 이상이라는 점을 강조하고 있다.

2011년 후쿠시마 원전사태 직후 중국이 원자력발전에 대한 전면적인 안전검사를 실시했을 때, 중국정부의 원자력정책에 변화가 있

---

210) World Nuclear Association, https://www.worldnuclearreport.org/IMG/pdf/20170912wnisr2017-en-lr.pdf (검색일: 2018. 1. 20).

211) World Nuclear Association, http://www.world-nuclear.org/information-library/country-profiles/countries-a-f/china-nuclear-power.aspx

을 것이라는 예상이 있었지만, 중국은 현재 꾸준히 원자력발전을 확대하고 있다.

중국의 원전건설 또한 빠른 속도로 진행되고 있으며, 2011년 이후 중국에서 신규 건설 중인 원자로는 2021년까지 모두 완공될 예정에 있다. 중국 내 원전건설이 모두 실현이 되면 중국은 발전규모에서 세계 최대의 원전 운용국가가 될 전망이다. 또한 중국은 원전건설 경험을 바탕으로 해외원전 건설 수주에도 활발하게 진출하고 있다. 대표적인 사례가 일본 도시바가 가진 영국 무어사이드 원전사업자 뉴젠(NuGen)의 지분을 인수를 위해서 한국전력과 중국 광둥핵전공사(CGN)가 경쟁한 사례를 들 수 있다.

(2017년 7월 1일 기준)

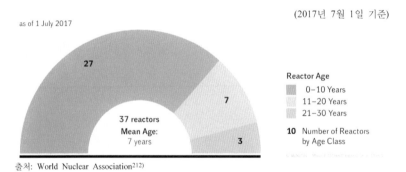

as of 1 July 2017

27

7

37 reactors
Mean Age:
7 years

3

Reactor Age
■ 0−10 Years
■ 11−20 Years
■ 21−30 Years

10 Number of Reactors
by Age Class

출처: World Nuclear Association[212]

<그림 6.-8> 중국 내 운용 중인 원자로의 연령 현황

212) World Nuclear Association, https://www.worldnuclearreport.org/IMG/pdf/20170912wnisr2017-en-lr.pdf

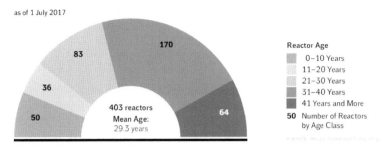

출처: World Nuclear Association[213]

<그림 6.-9> 전 세계에서 운용 중인 원자로의 연령 현황

세계원자력협회 자료인 <그림 6.-8>과 <그림 6.-9>에서 볼 수 있
듯이, 중국에서 현재 운용 중인 원전은 대부분 10년 미만의 연령으
로 최신 기술로 운영되는 것이다. 반면에 전 세계에서 운용 중인 원
자로는 31년 이상 된 원자로가 전체 원자로의 절반 이상을 차지하
고 있다.

이와 같은 상황에서, 영국 무어사이드 원전사업자 뉴젠의 지분인
수에서는 한국전력이 우선협상대상자로 결정되었지만, 중국의 원전
건설의 진척에 따라 중국기업에 축적되는 원전건설 노하우로 향후
에는 전 세계 원전건설 시장에서 중국기업의 영향력이 더욱 확대될
것으로 전망된다.

기후변화문제에서 원자력에너지 보다 비-화석연료로 각광을 받고
있는 에너지원은 신재생에너지이다.

213) World Nuclear Association, https://www.worldnuclearreport.org/IMG/pdf/20170912wnisr2017-
en-lr.pdf

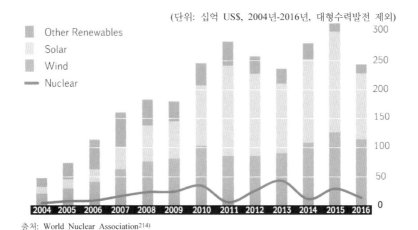

(단위: 십억 US$, 2004년-2016년, 대형수력발전 제외)

- Other Renewables
- Solar
- Wind
- Nuclear

<그림 6.-10> 전 세계 신재생에너지와 원자력에너지 투자 결정

전 세계 차원에서 신재생에너지에 대한 투자결정은 2000년 이후 상당히 빠른 속도로 증가하였다. 2015년에는 3122억 US$로 증가하였다. 신재생에너지 투자를 주도하는 것은 태양광과 풍력발전이다. 2016년에 2015년에 비해서 투자액수가 줄어 든 것은 신재생에너지의 설비단가 하락에 힘입었다. 2016년에 설치된 신재생에너지의 발전용량은 138.5GW였다. 2015년에 설치된 신재생에너지의 발전용량이 127.5GW였던 것을 감안하면, 2016년에 신규 설치된 발전용량은 증가한 것이었다. 2016년에 2015년보다 설비 단가가 29% 하락하였다. 2016년에는 와트 당 1.74 US$였다. 2015년에는 와트 당 2.45 US$였다. 또한 신재생에너지 발전비용도 감소하였다. UNEP-FS에 따르면 태양광 패널 전 세계 평균 발전비용은 2016년에 MWh 당 101US$로 전 년도 대비 17% 감소하였다. 지

214) World Nuclear Association, https://www.worldnuclearreport.org/IMG/pdf/20170912wnisr2017-en-lr.pdf

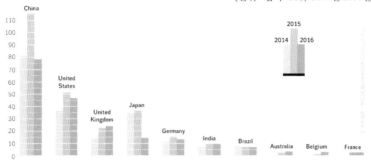

(단위: 십억 US$, 2014년-2016년)

출처: World Nuclear Association[215]

<그림 6.-11> 신재생에너지 투자 상위 10개국

상풍력발전의 전 세계평균 발전비용은 2016년에 MWh 당 68US
$로 전 년도 대비 18% 감소하였다. 해양풍력발전의 전 세계평균
발전비용은 2016년에 MWh 당 126US$로 전 년도 대비 28% 감소
하였다.

　에너지기업인 BP의 자료에 따르면, 전 세계 신재생에너지 운용은
일부 선진국 과 중국이 주도하고 있다. 2016년 전 세계 신재생에너
지 소비에서 OECD회원국이 차지하고 있는 비중은 64.4%였으며,
중국이 차지하는 비중은 20.5%였다. 중국과 OECD회원국이 전 세
계 신재생에너지 소비의 대부분을 차지하고 있는 것이다. 이중에서
미국(20%), EU(32.3%)와 중국(20.5)의 비중을 합치면 전 세계 신재
생에너지 소비의 70.8%를 차지한다.[216]

　신재생 에너지 투자 상위 10개국은 중국, 미국, 영국, 일본, 독일,

215) World Nuclear Association, https://www.worldnuclearreport.org/IMG/pdf/20170912wnisr20170-
　　en-lr.pdf

216) BP, *Statistical Review of World Energy* (June 2017), p.44.

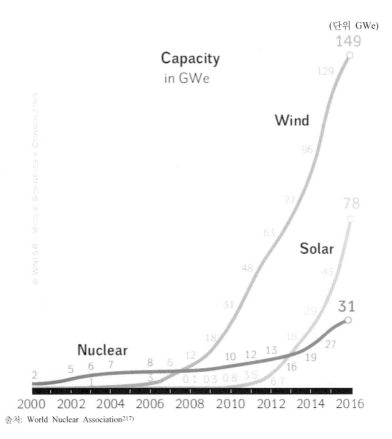

출처: World Nuclear Association[217]

<그림 6.-12> 2000년 이후 중국의 에너지원별 발전용량 증가

인도, 브라질, 호주, 벨기에, 프랑스였다. 특히 중국에서 신재생에너지에 대한 투자는 다른 국가에 비해서 압도적인 규모로 진행되었다.

중국 내에서 적극적인 신재생에너지 투자에 힘입어 중국 내 에너지원별 발전용량에서 풍력과 태양력은 원자력보다 더 큰 비중을 차

217) World Nuclear Association, https://www.worldnuclearreport.org/IMG/pdf/20170912wnisr20170-en-lr.pdf (검색일: 2018. 1. 20).

지하게 되었다. 물론 실제 전력생산에서는 신재생에너지의 높은 발전 비용 때문에, 원자력발전이 태양력에 비해서는 훨씬 많은 전력생산을 하고 있다.

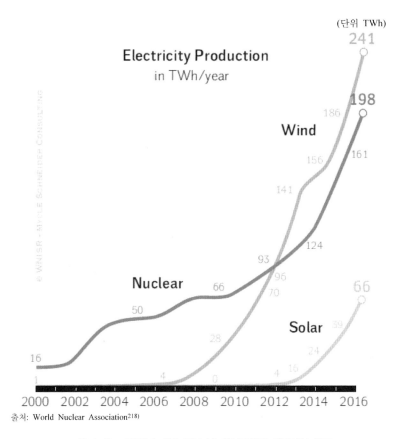

<그림 6.-13> 1997년 대비 중국 내 에너지원별 전력생산 증가

출처: World Nuclear Association[218]

218) World Nuclear Association, https://www.worldnuclearreport.org/IMG/pdf/20170912wnisr20170-en-lr.pdf

2016년 전 세계에서 풍력발전을 이용한 전력생산 증가는 2000년 대비 948TWh였는데, 중국에서 같은 기간 풍력발전을 이용한 전력생산 증가는 241TWh였다. 태양광 발전의 경우, 2016년 전 세계에서 풍력발전을 이용한 전력생산 증가는 2000년 대비 332TWh였는데, 중국에서 같은 기간 태양광발전을 이용한 전력생산 증가는 66TWh였다. 이는 전 세계에서 신재생에너지를 활용한 전력생산이 증가한데 중국의 기여가 큰 것을 의미한다.

〈표 6.-2〉 세계 10대 태양광패널 생산기업

1. Trina Solar
2. Yingli Green Energy
3. Canadian Solar
4. Jinko Solar
5. JA Solar
6. Sharp Solar
7. Renesola
8. First Solar
9. Hanwha SolarOne
10. SunPower and Kyocera

출처: Forbes[219]

또한 전 세계 신재생에너지 산업은 중국기업이 주도하고 있다. 세계 10대 태양광패널 생산기업 중 6개 기업이 중국기업이다. 이는 중국기업들이 태양광패널 생산을 주도하고 있음을 의미하는 것이다. 결국 태양력발전소의 확대는 단기적으로 중국기업의 이익을 확대하

---

219) Ucilia Wang, "Guess Who Are The Top 10 Solar Panel Makers In the World?" Forbes, December 3, 2014, http://www.forbes.com/sites/uciliawang/2014/12/03/guess-who-are-the-top-10-solar-panel-makers-in-the-world/

는 현상을 발생시킬 수 있다.

또한 2015년 중국은 태양광패널(Solar Panel)의 최대시장으로 부상하였다. 중국에너지국(China's National Energy Administration)에 따르면 2014년 말까지 국가전력망에 연결된 28.05 기가와트의 태양광패널 중 23.38 기가와트에 해당하는 태양광패널이 대규모 전력생산을 위한 '솔라 팜(Solar farm)'에 설치되어 있다. 이와 같이 중국은 '솔라 팜'운영에서 경험을 축적하였다. 반면에 미국은 세계시장의 14%에 해당하는 8 기가와트 용량의 태양광 패널을 2015년에 설치하였는데, 이중 대부분이 가정과 사무실 지붕에 설치된 경우였다.

게다가 중국정부의 지원에 힘입은 중국의 태양광패널 생산업체들은 태양광패널에서 가격경쟁을 촉발하였다. 그 결과 다른 국가의 태양광패널 생산업체들이 큰 타격을 입게되었다. 그 결과 솔라월드를 포함한 7개의 미국 태양광제품 생산기업은 중국 기업들이 중국정부의 보조금 지원으로 부당한 이익을 얻고 있다며 2011년 10월 반덤핑 관세와 상계관세 부과를 요구하는 제소장을 미국 상무부와 국제무역위원회(ITC)에 제출했다. 2012년 10월 미국 상무부는 중국산 태양광패널에 대해 26%-250%의 반덤핑 관세를 매기고 15-16%의 상계관세도 부과하기로 결정하였다.

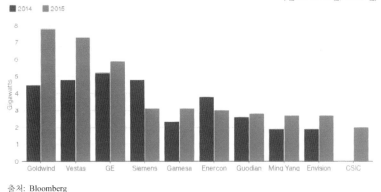

출처: Bloomberg

<그림 6.-14> 세계 10대 풍력터빈 기업

풍력에너지 분야에서도 비슷한 현상이 발생하고 있다. 2015년 중국의 골드윈드(Goldwind)는 덴마크의 Vestas를 누르고 세계 최대의 풍력터빈 생산기업으로 발돋움하였다. 또한 세계 풍력터빈 생산의 7위-10위까지의 기업은 모두 중국기업이었다. 7위인 구오디안 (Guodian Technology & Environment Group Corp), 8위인 밍양 (China Ming Yang Wind Power Group), 9위인 장수 (Envision Energy Jiangsu Co Ltd) 그리고 10위인 중국선박중공그룹(China Shipbuilding Industry Company Ltd)이 모두 중국기업이다.[220]

이와 같은 중국기업의 부상 속에서, 2012년 당시 미국 오바마 행정부는 오리건 주에, 중국기업이 대규모 풍력발전소(Wind Farm)을 운영하려는 계획을 저지하였다. 당시 오바마 행정부의 거부이유는

220) Jessica Shankleman, "China's Goldwind Knocks GE From Top Wind Market Spot," Bloomberg, February 22, 2016, http://www.bloomberg.com/news/articles/2016-02-22/china-s-goldwind-knocks-ge-from-top-spot-in-global-wind-market

풍력발전소가 미국의 군사기지 근처에 위치하여 국가안보에 위협이 된다는 점을 들어 거부하였다. 그러나 그 시점이 미국 상무부가 중국산 태양광패널에 반덤핑과세를 부과한 시기와 비슷한 시기여서 미국정부의 중국 신재생에너지 기업의 부상에 대한 경계를 엿볼 수 있다.

제 7 장

세계화와 한국

한국은 19세기 말 서구열강과 일본과의 접촉을 통해서 전 세계 자본주의 질서에 편입되었다. 근대화에 뒤쳐진 한국은 서구열강과 일본과 불평등한 무역조약을 맺고 자원수탈과 국내 산업이권의 침탈을 겪다가 1905년 일본의 보호령이 되었고, 1910년에는 일본의 식민지가 되었다.

1945년 제 2차 세계대전의 종전과 함께 해방되었지만, 6.25전쟁으로 국토는 폐허가 되었고, 한국은 세계 최빈국의 하나로서 미국 등 서방의 원조물자에 유지하는 경제체제를 1950년까지 지속하였다.

1960년 이후 본격적인 산업화를 통해서, 또한 제 2차 세계대전 이후 지속되어온 국가 간 무역장벽 축소를 발판으로 한국경제는 수출주도형 성장전략을 채택하였다. 그 결과 2017년 통계로 한국은 세계 12위의 경제대국으로 자리매김하게 되었다.

<표 7.-1> 2017년 GDP 순위

(세계은행)

순위	국명	백만 US$
1	미국	19,390,604
2	중국	12,237,700
3	일본	4,872,137
4	독일	3,677,439
5	영국	2,622,434
6	인도	2,597,491
7	프랑스	2,582,501
8	브라질	2,055,506
9	이탈리아	1,934,798
10	캐나다	1,653,043
11	러시아	1,577,524
12	한국	1,530,751
13	호주	1,323,421
14	스페인	1,311,320
15	멕시코	1,149,919
16	인도네시아	1,015,539
17	터키	851,102
18	네덜란드	826,200
19	사우디아라비아	683,827
20	스위스	678,887
21	아르헨티나	637,590
22	스웨덴	538,040
23	폴란드	524,510
24	벨기에	492,681
25	태국	455,221
26	이란	439,514
27	오스트리아	416,596
28	노르웨이	398,832
29	아랍에미리트	382,575
30	나이지리아	375,771
31	이스라엘	350,851
32	남아프리카	349,419

33	홍콩	341,449
34	아일랜드	333,731
35	덴마크	324,872
36	싱가포르	323,907
37	말레이시아	314,500

출처: 세계은행[221]

한국보다 GDP순위에서 앞서고 있는 국가는 미국, 중국, 일본, 독일, 영국, 인도, 프랑스, 브라질, 이탈리아, 캐나다, 러시아 등에 불과하며, 한국은 과거 한국보다 경제규모가 컸던 국가들을 빠른 속도로 추월하였다. 이와 같은 한국경제 성장은 국제사회에서 한국의 영향력이 강화되는 밑받침이 되었다.

<표 7.-2> 2017년 1인당 GDP 순위

(IMF. per capita, current prices)

순위	국명	US$
1	룩셈부르크	105803.1
2	스위스	80590.91
3	마카오	77451.29
4	노르웨이	74940.62
5	아일랜드	70638.26
6	아이슬란드	70332.19
7	카타르	60804.26
8	미국	59501.11
9	싱가포르	57713.34
10	덴마크	56444.1
11	호주	55707.28
12	스웨덴	53217.63
13	네덜란드	48345.73
14	산마리노	47405.63

221) 세계은행. "GDP 순위". https://datacatalog.worldbank.org/dataset/gdp-ranking

15	오스트리아	47290
16	홍콩	46109.12
17	핀란드	46016.74
18	캐나다	45077.39
19	독일	44549.69
20	벨기에	43582.17
21	뉴질랜드	41593.06
22	이스라엘	40258.36
23	프랑스	39869.08
24	영국	39734.59
25	일본	38439.52
26	아랍에미리트	37225.75
27	이탈리아	31984.01
28	바하마	31255.19
29	푸에르토리코	30488.4
30	한국	29891.26
31	브루나이	29711.86
32	스페인	28358.81
33	쿠웨이트	27318.52
34	몰타	27250.41
36	키프로스	24976.18
37	대만	24576.67
38	바레인	24028.73

출처: IMF[222)]

　1인당 GDP에서도 급속한 성장이 있었다. 한국의 1인당 GNP는 57달러에 불과하였는데 2017년 한국의 1인당 GDP는 29,891달러로 가파르게 상승하였다.

　이와 같은 한국의 1인당 GDP상승에 따른 구매력 증가에 힘입어 한국은 빠른 속도로 전 세계 유행을 선도하는 국가로 자리매김하고

222) IMF. "GDP per capita, current prices". https://www.imf.org/external/datamapper/NGDPDPC@ WEO/OEMDC/ADVEC/WEOWORLD/SRB

있다. 또한 구매력 증대에 힘입은 한국인의 해외여행은 빠른 속도로
증가하여 과거에는 상상할 수 없는 규모의 한국인이 해외를 방문하
고 있다. 2017년 추석연휴기간 동안 102만명의 한국인이 해외여행
을 다녀왔다.

<표 7.-3> 2011-2017년 설/추석 연휴 출국통계

연도	설연휴	설 연휴 출국자수(명)	추석연휴	추석 연휴 출국자수(명)
2011	2.2-2.6	173,843	9.10-9.13	116,402
2012	1.21-1.24	132,055	9.29-10.1	131,487
2013	2.9-2.11	88,537	9.18-9.22	211,988
2014	1.30-2.2	145,865	9.6-9.10	228,910
2015	2.18-2.22	282,855	9.26-9.29	215,734
2016	2.6-2.10	332,686	9.14-9.18	322,206
2017	1.27-1.30	275,004	9.30-10.9	1,020,000

출처: 중앙일보[223]

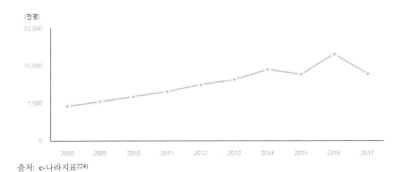

출처: e-나라지표[224]

<그림 7.-1> 외국인 관광객 한국 방문현황

223) 중앙일보. "올해 추석 연휴 해외 출국자, 작년 추석 3배". (2017년 10월 13일 기사) https://news.joins.com/article/22008750

224) e-나라지표. "외래관광객수". http://www.index.go.kr/potal/main/EachDtlPageDetail.do?idx_cd=1653

<그림 7.-1>자료에서 볼 수 있듯이, 한국을 방문하는 외국인 관광객도 빠른 속도로 증가하였다. 2016년에는 1724만명의 외국인 관광객이 한국을 방문하였다. 이에 따라, 국내 일부 관광지에서는 상점에서 한국인 고객이 오히려 드문 상황이 연출되기도 하고 있다.

이와 같이 한국은 해외와의 활발한 인적교류를 통하여, 일상생활이 과거에 비해 더욱 빠른 속도로 세계화되고 있다. 불과 10년전에만해도 낯설었던 베트남 쌀국수가 한국인들에게 인기있는 점심메뉴가되었고, 1950년대 미군을 통해서 유입되었던 프라이드 치킨은 이제한국화되어 한국화된 치킨이 전 세계 각국으로 퍼져나가고 있다.

가장 많이 배달해 먹는 음식

1위 치킨 (42.6%)

2위 자장면 (12.5%)   3위 피자 (12.0%)
4위 짬뽕 (6.1%)   5위 탕수육 (3.1%)

출처: 한국외식업중앙회, 한국외식산업연구원[225]

<그림 7.-2> 한국인이 가장 많이 배달해 먹는 음식

한국외식업중앙회와 한국외식산업연구원의 조사에 따르면 치킨은 한국인이 배달음식으로 가장 선호하는 음식이 되었다. 배달음식 선호순위 2위는 자장면, 3위는 피자, 4위는 짬뽕, 5위는 탕수육이었다. 배달음식의 경우 선호하는 음식이 모두 외래음식이었다. 이와 같은 경향은 몇 십년 전에는 상상할 수 없는 것이었다.

<표 7.-4> 한국경제의 수출, 수입, 무역의존도

년도	명목GDP (백만US$)	수출		수입		무역 의존도 (%)
		금액 (백만US$)	의존도 (%)	금액 (백만US$)	의존도 (%)	
2016	1,411,000.0	495,426.0	35.1	406,193.0	28.8	63.9
2015	1,382,400.0	526,757.0	38.1	436,499.0	31.6	69.7
2014	1,411,000.0	572,665.0	40.6	525,515.0	37.2	77.8
2013	1,305,400.0	559,632.0	42.9	515,586.0	39.5	82.4
2012	1,222,400.0	547,870.0	44.8	519,584.0	42.5	87.3
2011	1,202,700.0	555,214.0	46.2	524,413.0	43.6	89.8
2010	1,094,300.0	466,384.0	42.6	425,212.0	38.9	81.5
2009	902,300.0	363,534.0	40.3	323,085.0	35.8	76.1
2008	1,001,700.0	422,007.0	42.1	435,275.0	43.5	85.6
2007	1,122,700.0	371,489.0	33.1	356,846.0	31.8	64.9
2006	1,011,000.0	325,465.0	32.2	309,383.0	30.6	62.8
2005	898,000.0	284,419.0	31.7	261,238.0	29.1	60.8
2004	765,300.0	253,845.0	33.2	224,463.0	29.3	62.5
2003	680,400.0	193,817.0	28.5	178,827.0	26.3	54.8
2002	608,900.0	162,471.0	26.7	152,126.0	25.0	51.7
2001	533,100.0	150,439.0	28.2	141,098.0	26.5	54.7
2000	561,800.0	172,268.0	30.7	160,481.0	28.6	59.2

출처: K-stat (산업통상자원부, 한국무역협회)[226]

---

225) 이투데이. "[인포그래픽] 한국인의 외식메뉴 인기 1위는?" (2014년 3월 7일 기사) http://www. etoday.co.kr/news/section/newsview.php?idxno=880949#csidx1a88cc3c2db37368739cc2e7a486bd1

226) K-stat. "한국의 무역의존도" http://stat.kita.net/stat/world/major/KoreaStats02.screen

<표 7.-4>의 K-stat자료에서 볼 수 있듯이 한국경제는 높은 무역의 존도를 보이고 있다. 부존자원이 부족한 한국의 현실에서 경제성장을 견인하는 방법은 원부자재를 수입하여 상품을 생산하여 수출하는 것이었다.

2016년 한국경제의 무역의존도는 63.9%였으며, 한국경제의 무역의존도가 가장 높았던 2011년에는 한국경제의 무역의존도가 89.8%를 기록하기도 하였다.

이와 같은 한국의 상황에서 해외에서 일어나는 변화는 한국경제에 민감하게 작용할 수밖에 없다. 일례로 최근의 유가하락은 해양플랜트 주문이 축소되는 결과를 낳았고 이는 한국 조선산업에 심각한 타격을 주게 되었다.

<표 7.-5>는 한국의 10대 수출 품목에 대한 2015년부터 2017년까지 통계자료이다.

<표 7.-5> 10대 수출 품목

(2015년-2017년)

	2015년	
	품목명	금액 (백만 US$)
1위	반도체	62,717
2위	자동차	45,794
3위	선박해양구조물 및 부품	40,107
4위	무선통신기기	32,587
5위	석유제품	32,002
6위	자동차부품	25,550
7위	평판디스플레이 및 센서	21,915
8위	합성수지	18,418
9위	철강판	16,458
10위	전자응용기기	10,038
10대품목 수출액	-	305,586
총수출액 대비비중(%)	-	58.0

	2016년	
	품목명	금액 (백만 US$)
1위	반도체	62,005
2위	자동차	40,637
3위	선박해양구조물 및 부품	34,268
4위	무선통신기기	29,664
5위	석유제품	26,472
6위	자동차부품	24,415
7위	합성수지	17,484
8위	평판디스플레이및센서	16,582
9위	철강판	15,379
10위	플라스틱제품	9,606
10대품목 수출액	-	276,513
총수출액 대비비중(%)	-	55.8

	2017년	
	품목명	금액 (백만 US$)
1위	반도체	97,937
2위	선박해양구조물 및 부품	42,182
3위	자동차	41,690
4위	석유제품	35,037
5위	평판디스플레이 및 센서	27,543
6위	자동차부품	23,134
7위	무선통신기기	22,099
8위	합성수지	20,436
9위	철강판	18,111
10위	컴퓨터	9,177
10대품목 수출액	-	337,345
총수출액 대비비중(%)	-	59.0

출처: e-나라지표[227]

최근 한국경제의 주요 수출품목은 반도체, 자동차, 선박해양구조물 및 부품, 석유제품, 평판디스플레이 및 센서, 합성수지, 무선통신기기, 철강판 등이다.

227) e-나라지표. "10대 수출 품목". http://www.index.go.kr/potal/main/EachDtlPageDetail.do?idx_cd=2455

그러나 보호무역주의가 심화되고 있는 상황에서 한국의 주요 수출품인 철강판과 자동차는 영향을 받을 수 밖에 없고, 특히 트럼프 행정부의 조치로 한국의 철강판은 일정량 이상 수출하면 고율이 관세를 부가받게 되었다. 유가가 회복하고 있지만 아직도 저유가 상황을 유지하고 있는 가운데 선박해양구조물에 대한 주문량이 줄어들어 국내 조선산업은 위기를 맞이하고 있다. 또한 평판디스플레이 및 센서, 무선 통신기기 분야에서 중국기업은 빠른 속도로 한국기업을 추격하고 있으며 한국기업과 중국기업 간 기술격차는 점차 축소되고 있다.

그리고 한국경제는 10대 주요 수출품에 지나치게 의지하고 있는데 2015년 전체 수출에서 10대 수출품이 차지하는 비중이 58%, 2016년에 55.8%, 2017년엔 59%였다. 이와 같은 상황은 주요 수출품목이 타격을 받게 되면 한국경제가 크게 영향을 받는 구조를 만들어 내었다.

한국은 세계화의 진전과 함께 성장하여 최빈국에서 12대 경제대국으로 부상하였다. 그러나 세계화의 진전 속에서 한국의 산업경쟁력을 개발도상국이 추격하고 있는 상황에서 한국정부와 기업 그리고 시민은 보다 더 현명한 판단을 하여 미래를 대비할 수 있도록 준비하여야 한다.

참고문헌

김채형. 2000. "유럽연합의 개발협력정책." 『EU학연구』, 제 5권 제 2호, 133-159.

강준구. "세계 FDI 환경변화와 대응방안: UNCTAD 세계투자보고서를 중심으로." 『KIEP 세계경제』. 제5권 제11호 통권 제50호 (2002년 11월), pp. 27-37.

강한균. "OECD국가의 제조업FDI로 인한 산업공동화 실증분석." 『국제지역연구』. 제8권 제1호 (2004년 6월), pp. 61-77.

곽봉환·강동윤, "국내 저비용 항공사의 경영위험 관리연구," 『디지털정책연구』, 제10권 2호 (2012).

권기환·김효정·한영도, "저가 항공사의 경쟁 우위 동인에 관한 탐색적 연구," 『한국항공경영학회』, 제11권 1호 (2013).

김계환. "글로벌 가치사슬로 본 선진국의 제조업 경쟁력." 『KIET산업경제』. (2014년 6월). pp. 29-39.

김두수. 「기후변화에 대한 EU의 저탄소 경제정책」. 『국제경제법연구』 제 12권 2호 (2014).

김면회. 「기후변화 대응의 정치경제」. 『EU연구』 제26호 (2010).

김영미, 박정희. 「경제성장에 따른 중국 산업의 이산화탄소 배출실태 분석」. 『전자무역연구』 제 12권 3호 (2014), 79-99쪽.

김정아. 「EU 2030 기후·에너지정책 프레임워크」. 『세계 에너지시장 인사이트』 제14-5호 (2014).

김종우. 「중국 재생가능에너지법의 최신동향과 입법과제」. 『중국법연구』 제 18권 (2012), 277-314쪽.

권영훈, "지역기반 저가항공사와 일반항공사의 고객정보 활용 평가에 관한 연구," 『지역산업연구』, 제35권 (2012).

남수중, 필위녕. 「중국의 녹색금융 발전 현황과 성장 전망」, 『한중경상연구』 제 12권 1호 (2013), 33-55쪽.

문희창·김민영, "중심지 이론을 통한 다국적 기업의 해외진출 패턴 분석." 『국제지역연구』. 제8권 제3호 통권30호 (2004년 가을), pp. 121-144.

박번순, 정호성, 김화년, 이종규, 2009. 『국격제고를 위한 ODA 정책』. CEO information 제 730호(2009년 11월 11일), 삼성경제연구소.

박명섭, 한낙현, 김상만. 「지구기후변화 방지를 위한 유럽연합(EU) "신규 승용차 이산화탄소 배출 감축 규칙"에 대한 고찰」.『무역상무연구』 제 63권 (2014).

박준식. "글로벌 자동차산업의 구조조정 및 고용위기의 함의에 대한 검토." 『지역사회학』. 제12권 2호 (2011년), pp. 59-83.

박진영·정성엽·윤세환, "항공사 선택속성의 IPA 분석을 통한 전략 도출에 관한 연구-국적항공사와 저가항공사의 비교,"『관광연구』, 제27권 5호 (2012).

박태하.『다국적기업의 직접투자와 세계무역』서울: 숭실대학교 출판부, 2004.

반병길·이인세.『다국적기업 전략과 관리』서울: 박영사, 2005.

배준희, 최이중, 이종수, 신정우. 「신재생 에너지 도입행태 분석: OECD국가들을 중심으로」.『에너지경제연구』제13권 1호 (2014).

산업자원부 에너지경제연구원.『기후변화협약과 교토의정서』(2002).

안상욱. 「세계화와 세방화 구현: 수렴성과 다양성의 선택」.『인문연구』57호 (2009), pp. 291-316.

안상욱. 「초국적 기업과 EU 소규모 국가 산업기반의 안정성: 르노와 벨기에 사례를 중심으로」.『유럽연구』29권 1호 (2011), pp. 221-252.

안상욱. 「EU의 ODA 정책과 무역정책: 보완성과 모순성」.『국제지역연구』 15권 2호 (2011), pp. 69-92.

안상욱. "다국적 기업의 기업이전과 EU 소규모 국가경제: 프랑스 르노 그룹의 벨기에 빌보르드 공장 폐쇄문제를 중심으로."『프랑스학연구』. 제60호 (2012년), pp. 415-445.

안상욱. 「EU의 양자간 무역협정 전략변화와 한-EU FTA」.『유럽연구』30권 2호 (2012). pp. 213-240.

안상욱, "EU 항공자유화 협정과 저가항공사의 부상,"『지중해지역연구』, 제15권 제4호 (2013).

안상욱. 「다국적기업의 중동부유럽 이전: 자동차 산업의 경우를 중심으로」, 『유럽연구』32권 3호 (2014), pp. 85-107.

안상욱. "EU 저가항공 성장과 항공시장의 변화,"『지중해지역연구』, 제 39호 (2015).

안상욱. 「경제통합과 저가항공 네트워크 발전: EU와 ASEAN 사례를 중심으로」,『유럽연구』34권 1호 (2016), pp. 287-308.

안상욱. 「신재생에너지 확대 정책과 문제점: 미국과 EU사례를 중심으로

『유럽연구』제 34권 4호 (2016).

안상욱. 「세계기후 변화 대응과 중국의 부상」, 『중소연구』 42권 1호 (2018), pp. 101-134.

안승국. "세계화시대에 있어서 초국적기업의 해외투자와 시장진출: 전략변화의 정치경제적 요인을 중심으로"『국제지역연구』. 제8권 제4호·제9권 제1호 통합호 (2000년 3월), pp. 1-21.

오태현. 『EU의 기후변화 대응정책과 시사점』 (2008).

유상희, 임동순. 「EU의 기후변화협약 대응 정책 평가 및 시사점」. 『유럽연구』제 26권 1호 (2008).

윤영주. 「EU차원의 에너지정책 수립·추진과 과제」. 『세계』 에너지시장 인사이트』 제15-32호 (2015).

이동희, "아시아태평양 항공시장의 동향과 한국 LCC 의 경쟁력 강화방안에 관한 탐색적 연구,"『한국항공경영학회지』, 제10권 4호 (2012).

이무성. 「The EU as a Green Leader」. 『유럽연구』제 29권 2호 (2011).

이응석. "다국적 기업 국내 자회사의 기술혁신 주도권에 관한 연구: 자원기반이론 및 네트워크 이론을 중심으로"『국제경영연구』.제18권 제1호 (2007년 3월), pp. 58-85.

이재율. 2006. "스웨덴 복지국가 모델의 형성과 위기"『사회과학논총』. 제25권 제1호, 5-21.

이준호·김종일. "글로벌 가치사슬(Global Value Chain)과 중소기업의 국제화 과제."『뉴브리지연구』. 07-01. 서울: 중소기업연구원, 2007.

이환규. 「EU에서의 교토메커니즘의 이행」. 『국제경제법연구』. 제 8권 2호 (2010).

장윤종·강기천·이진면.『산업의 세계화와 글로벌 네트워킹』서울: 산업연구원, 2006.

정명기. "독일 자동차 기업의 생산의 세계화 VW과 BMW의 사례를 중심으로."『경상논총』. 제29권 제3호 (2011년 9월), pp.101-121.

정수현. 「기후변화체제에서의 EU의 에너지 안보 전략과 성과」. 『동서연구』제 28권 2호 (2016).

조성우, "유럽의 저가항공사 비교연구: 이지젯과 라이언에어를 중심으로,"『지역산업연구』제35권 2호 (2012).

조원호. "전략산업의 세계화가 국제무역에 미치는 영향."『외교』. 제 30호 (1994년 6월), pp. 82-95.

차종문, 이경아. 「EU 이산화탄소 지중저장 법제 현황 및 도전 과제」, 『한국자원공학회지』제 53권 제 4호 (2016).
한국국제협력단. 2008. 『국제개발협력의 이해』한울아카데미.

Albert, Michel, Capitalisme contre capitalisme, Paris: Le Seuil, 1991.
Arrighi G., "Globalization and Historical Macrosociology", In J. Abu-Lughod (ed.) Sociology for the Twenty-First Century: Continuities and Cutting Edges, Chicago: Chicago University Press, 2000.
Arthuis, Jean. Les delocalisations et l'emploi: mieux comprendre les mecanismes des delocalisations industrielles et des services. Paris: Les Editions d'Organisation, 1993.
Aviation week & space technology, European airlines: Legacy and low-cost carriers seek new ways and partners to make profit (MCGRAW-HILL DATA SERVICES, 2012).
Aviation week & space technology, Low-cost carriers trying to gain access to a broader customer base by shifting their business models (MCGRAW-HILL DATA SERVICES, 2012).
Aviation week & space technology, Europe's low-cost carriers expect better 2014, but legacy airlines continue to struggle (MCGRAW-HILL DATA SERVICES, 2013).
Aviation week & space technology, Thailand primed to become a key battleground for Southeast Asia's booming low-cost carriers (MCGRAW-HILL DATA SERVICES, 2013).
Aviation week & space technology, Low-cost carriers are having a huge impact on Asia-Pacific aircraft sales forecast (MCGRAW-HILL DATA SERVICES, 2014).
Aviation week & space technology, Rapid rise of low-cost carriers is something of a double-edged sword for Asia's legacy airlines (MCGRAW-HILL DATA SERVICES, 2014).
Babonneau, Frédéric, Alain Haurie and Marc Vielle. "Assessment of balanced burden-sharing in the 2050 EU climate/energy roadmap: a metamodeling approach." Climatic change, Vol.134, No.4 (2016).
Bartlett, Christopher A. and Ghoshal, Sumantra and Birkinshaw, Julian. (eds.) Transnational Management. London: McGraw-Hill, 2003.
Barnet, R.J. and Cavanagh, J., Global Dreams: Imperial Corporations and

the New World Order, New York: Simon and Schuster, 1994.

Barabasi, Albert-Laszlo (강병남, 김기훈 역). 『링크 (Linked: The New Science of Networks』서울: 동아시아, 2002.

Beladi, Hamid and Frasca, Ralph. "Multinational Corporations and Industrial Employment." Journal of economic integration Vol. 16. No. 1 (March, 2001). pp. 66-77.

Blomströ. M. and Persson. H. "Foreign Investment and Spillover Efficiency in an Underdevelopment Economy: Evidence from the Mexican Manufacturing Industry." World Development. Vol.11, No. 6 (1983), pp. 493-501.

Blomströ. M. and Sjöoholm. F. "Technology Transfer and Spillovers: Does Local Participation with Multinational Matter?." European Economic Review 43 (1999), pp. 915-923.

Boehmer-Christiansen, Sonja. "EU Climate Change Policy: The Economic Implications." Eneregy and Environment – Brentwood -, Vol.13, No.3 (April, 2002).

Boyer, Robert. "Les mots et les réalités." Cordellier, Serge. (ed.). La mondialisation au-delà des mythes. Paris: La Découverte, 2000, pp. 14-56.

Bottasso, A., M. Conti, C. Piga, "Low-cost carriers and airports' performance: empirical evidence from a panel of UK airports," Industrial and Corporate Change, Vol. 22, No. 3 (2013).

Bottasso, A., M. Conti, C. Piga, "Low-cost carriers and airports' performance: empirical evidence from a panel of UK airports," Industrial and Corporate Change (2012).

Boyer R. and Drache. D., States Against Markets: The Limits of Globalization, London: Routledge, 1996.

BP. Statistical Review of World Energy (June 2011).

BP. Stati,tical Review of World Energy (June 2013).

BP. Statistical Review of World Energy (June 2014).

BP. Statistical Review of World Energy (June 2015).

BP. Statistical Review of World Energy (June 2016).

BP. Statistical Review of World Energy (June 2017).

Brecher, J. and Costello, T., Global Village or Global Pillage: Economic

Reconstruction from the Bottom Up, Boston, M.A.: South End Press, 1994.

Brenner, N, "Global Cities, Glocal States: Global City Formation and State Territorial Restructuring in Contemporary Europe", Review of International Political Economy 5-1, 1998, pp.1-37.

Browning, Christopher S. 2007. "Branding Nordicity: Models, Identity and the Decline of Exceptionalism." Cooperation and Conflict Vol.42, No.1, 27-51.

Buckley, Peter J. and Mucchielli, Jean-Louis. (eds.). Multinational firms and International relocation. Aldershot, Hants, UK; Brookfield, VT, US: E. Elgar, 1996.

Calleja, Daniel. "The EU and Climate Change: Striving for Success: Proposed cap and trade initiatives and provides perspective on the next steps that aviation will need to take." ICAO Journal, Vol.63, No.4 (2008).

Cardebat, Jean-Marie. La mondialisation et l'emploi. Paris: La Découverte, 2002.

Casson, Mark. Multinationals and world trade: vertical integration and the division of labour in world industries. London: Allen & Unwin, 1986.

Castells, M., End of Millennium, London: Blackwell, 1998.

Caves. Richard E., "Multinational Firms, Competition and Productivity in Host-Country Markets." Economica. Vol. 41 (1972), pp. 176-93.

Crochet, Alain, "Le concept de globalization: mythe et réalité", In Martine Azuelos (Ed), Le modèle économie anglosaxon à l'épreuve de la globalisation, 1996, pp.31-45.

Czechinvest. Automotive Industry in the Czech Republic, 2009.

Ernst & Young. The Central and Eastern European automotive market: Industry overview, 2010.

Defever, F. and Mucchielli, J. "Décomposition international de la chaîne de valeur. Une étude de la localisation des firmes multinationales dans l'Union européenne élargie." Revue économique. No. 6, Vol. 56 (2005), pp. 1185-1205.

Derigs, U., J. Benjamin, P. Andreas, "Comparing Revenue Optimization

Models for Low Cost Carriers Supporting Connecting Flights-A Case Study," Computational Logistics (2013).

Desportes, Gérard and Mauduit, Laurent. La gauche imaginaire et le nouveau capitalisme, Paris: Grasset, 1999.

De Senarclens, Pierre, La mondialisation : théories, enjeux et débats, Paris: Armand Colin, 2005.

Duncan, T. and Ramaprasad, J., "Standardized multinational advertising: The influencing factors", Journal of Advertising 24-3, 1995, pp.55–68.

Elwakil, O.S., M. Dresner, "Low-cost carriers and Canadian traffic generation at US border airports," JOURNAL OF AIR TRANSPORT MANAGEMENT, Vol. 33 (2013).

European Commission. 2005. Commission Communication on Policy Coherence for Development-Accelerating progress towards attaining the Millennium Development Goals, COM(2005)134 final of 12 April.

European Commission. 2006. Europe in the World: Some Practical Proposals for Greater Coherence, Effectiveness and Visibility, COM (2006) 278, June.

European Commission. 2006. The European Consensus on Development, Joint Statement by the Council and the Representatives of the Governments of the Member States Meeting within the Council, the European Parliament and the Commission.

European Commission. 2009. EU 2009 Report on Policy coherence for Development, Commission Staff Working Document Accompanying the Report from the Commission to the Council, SEC (2009), 1137 final.

European Commission. 2009. Policy Coherence for Development-Establishing the policy framework for a whole-of-the-Union approach, Communication from the Commission to the Council, the European Parliament, the European Economic and Social Committee and the Committee of the Regions, COM (2009) 458 final, September 15.

European Commission. Communication From the Commission to the European Parliament, the Council, the European Economic and Social Committee of the Regions. A policy framework for climate and energy in the period from 2020 to 2030 (2014).

European Commission. EU energy in figures Statistical Pocketbook (2015).

Fraser, Cameron. 2009. "The EU Model of Integration-Relevance Elsewhere?" Jean Monnet/Robert Schuman Paper Series Vol.5, No.37. University of Miami, USA (December), 1-12.

Frisch, Dieter. 2008. "The European Union's Development Policy." ECDPM Policy Management Report 15. Maastricht: ECDPM.

Gates, Scott and Anke Hoeffer. 2004. "Global Aid Allocation: Are Nordic Donors Different?" The Centre for the Study of African Economies Working Paper Series 34, 1-34.

Gereffi, Gary, "International trade and industrial upgrading in the apparel commodity chain." Journal of International Economics. Vol. 48 (1999), pp. 37-70.

Globerman. Steven. "Foreign Direct Investment and "Spillover" Efficiency Benefits in Canadian Manufacturing Industries." Canadian Journal of Economics. Vol. 12 (1979), pp. 42-56.

Gorecki, Paul and Seán Lyons. "EU climate change policy 2013–2020: Using the Clean Development Mechanism more effectively in the non-EU-ETS Sector." Energy Policy, Vol.38, No.11 (2010).

Graham, A. "Understanding the low cost carrier and airport relationship: A critical analysis of the salient issues," Tourism Management, Vol. 36 (2013).

Graham, A. "The Low Cost Carrier World Wide," Tourism Management, Vol. 43 (2014).

Lise, Wietze and Jeroen van der Laan. "Investment needs for climate change adaptation measures of electricity power plants in the EU." Energy for Sustainable Development, Vol.28 (2015).

Harris, G., "International advertising standardization: What do the multinationals actually standardize?", Journal of International Marketing 2-44, 1994, pp.13–30.

Harold, J., The End of Globalization: Lessons from the Great Depression, Cambridge, M.A.: Harvard University Press, 2001.

Hirst, Paul and Thompson, Grahame, "Globalization : Ten Frequently asked questions and some surprising answer", Sounding 4, Autumn 1996, pp.47-66,

Hood, Neil. The multinational subsidiary: management, economic development and public policy. New York: Palgrave Macmillan, 2003.

Ihara, Ryusuke and Iwahashi, Roki. 2007. "Attracting foreign investment: Optimal ODA policy with trade liberalization." Journal of International Trade and Development, Vol.16, No.2, 193-211.

Jeannet, J-P. and Hennessey, H.D., Global Marketing Strategies, Boston, M.A.: Houghton Mifflin Company, 1992.

Jora, Silviu. 2009. ODA as a Soft Power Instrument, SNU-KIEP EU Centre Research Series 90-01.

Kanso, A., and Nelson, R. A., "Advertising localization overshadows standardization", Journal of Advertising Research 42-1, 2002, pp.79–89.

Karen E. Smith. 1998. "The Use of Political Conditionality in the EU's relations with Third Countries: How Effective ?" European Foreign Affairs Review, 3 (2) (Summer), 253-274.

Keller, Wolfgang and Yeaple, Stephen R. (eds.). Multinational enterprises, international trade, and productivity growth. Washington, D.C.: International Monetary Fund, 2003.

Khondker, Habibul., "Glocalization as Globalization: Evolution of a Sociological Concept", Bangladesh e-Journal of Sociology, 1-2, 2004, pp.12-20.

Khondker, Habibul, "Globalization Theory: A Critical Analysis", Department of Sociology Working Paper, National University of Singapore, 1994.

Klophaus, R., R. Conrady, F. Fichert, "Low cost carriers going hybrid: Evidence from Europe," JOURNAL OF AIR TRANSPORT MANAGEMENT, Vol. 23 (2012).

Korten, D.C., Getting to the 21st Century: Voluntary Action and the Global Agenda, West Hartford, CT: Kumarian Press, 1995.

Krasner, S.D., "Economic Interdependence and Independent Statehood", In R.H. Jackson and A. James (Eds.), States in a Changing World: a Contemporary Analysis, Oxford: Clarendon, 1993, pp.301-21.

Krasner, S.D., "International Political Economy: Abiding Discord", Review of International Political Economy 1-1, Spring 1994, pp.13-19.

Laroche, M., Kirpalani, V. H., Pons, F., and Zhou, L., "A model of advertising standardization in multinational corporations" Journal of International Business Studies 32-2, 2001, pp.249–266.

Lauer, Stéphane. Renault: Une révolution française. Paris: JC Lattès, 2005.

Lawler, Peter. 2007. "Janus-Faced Solidarity: Danish Internationalism Reconsidered." Cooperation and Conflict, Vol.42, No.1, 101-126.

Lee, B. L., C.W. Andrew, "Technical efficiency of mainstream airlines and low-cost carriers: New evidence using bootstrap data envelopment analysis truncated regression," Journal of Air Transport Management, Vol. 38 (2014).

Levitt, T., "The globalization of markets", Harvard Business Review 61-3, May/June 1983, pp.92-102.

Lin, M. H. "Airlines-within-airlines strategies and existence of low-cost carriers," Logistics and Transportation Review, Vol. 48 No.3 (2012).

Lipsey, Robert E. and Mucchielli, Jean-Louis. (eds.). Multinational firms and impacts on employment, trade and technology: new perspectives for a new century. London: Routledge, 2002.

Loubet, Jean-Louis. Citroën, Peugeot, Renault: Histoire de stratégies d'entreprises et les autres, Boulogne Billancourt: E-T-A-I, 1995.

Loubet, Jean-Louis. Renault: Histoire d'une entreprise. Boulogne Billancourt: E-T-A-I, 2000.

Mark Milke, "Open Skies: What North America Can Learn from Europe," Regulation Outlook (American Enterprise Institute), No. 3 (May 2010).

Martin, Holland. 2002. The European Union and the Third World. London: Palgrave.

Martínez-Garcia, E., F. R. Berta, C. Germà, "Profile of business and leisure travelers on low cost carriers in Europe," Journal of Air Transport Management, Vol. 20 (2012).

Modelski, George. Principles of World Politics. New York: The Free Press, 1972.

Mouhoud, El Mouhoub. Mondialisation et délocalisation des entreprises. Paris: La Découverte, 2008.

Mucchielli, Jean-Louis and Mayer, Thierry. (eds.). Multinational firms' location and the new economic geography. Cheltenham: Edward

Elgar, 2004.

Naisbitt, John, Global Paradox: the Bigger the World Economy, the More Powerful Its Smallest Players, London: Brealey, 1994.

Nicholson, M., "How Novel is Globalisation?" In M.Shaw (Ed.), Politics and Globalisation: Knowledge, Ethics and Agency, London: Routledge, 1999, pp.23-34.

Noel, Alain and Jean-Philippe Therien. 1995. "From Domestic to International Justice: the Welfare state and foreign Aid." International Organization. Vol.49. No.3, 523-553.

O'Donnell, S., & Jeong, I., "Marketing standardization within global industries: An empirical study of performance implications", International Marketing Review 17-1, 2000, pp.19–33.

OECD. 2007. Review of the Development Cooperation Policies and Programmes of the European Community, Secretariat Report, DCD/DAC/AR(2007)2/EC/PART2/FINAL.

OECD. 2008. The Paris Declaration on Aid Effectiveness and the Accra Agenda for Action, Paris.

OECD. 2009. Policy coherence for Development-Lessons Learned, Policy Brief, December.

OECD. 2009. "Development Cooperation Report 2009", in: OECD Journal on Development, 10(1).

Ohmae, K., The End of the Nation State: the Rise of Regional Economics, New York: Free Press, 1995.

Ohmae, K., The Borderless World: Power and Strategy in the Interlinked Economy, London; Fontana, 1990.

Okazaki, Shintaro and Taylor, Charles and Doh, Jonathan P, "Market convergence and advertising standardization in the European Union", Journal of World Business 42, 2007, pp.384–400.

Reiser, O.L. and Davies, B. Planetary Democracy: an Introduction to Scientific Humanism and Applied Semantics. New York: Creative Age Press, 1994.

Ritzer, G., The Globalization of Nothing. Thousand Oaks, C.A.: Pine Forge, 2004.

Ritzer G., The McDonaldization of Society, Thousand Oaks, C.A.: Pine

Forge, 2000.

Robertson J.C. and Tallman E.W., "Vector Autoregression and Reality", Federal Reserve Bank of Atlanta, Economic review, 1999.

Robertson R. and White K., Globalization: Critical Concepts in Sociology, London: Routledge, 2003.

Robertson, Roland, "Glocalization: Time-space and Homogeneity-heterogeneity", In M. Featherstone (Eds.) Global Modernities, London: Sage, 1995, pp. 25-44.

Robertson, Roland, Globalization: Social Theory and Global Culture, London: Sage, 1992.

Rugman A. and Verbeke A. "A perspective on regional and global strategies of multinational enterprises." Journal of International Business Studies. Vol. 35. No.1 (2004), pp. 3-18.

Ruigrok, W. and Van Tulder, R., The Logic of International Restructuring: the Management of Dependencies in Rival Industrial Complexes, London: Routledge, 1995.

Sassen S, "Territory and Territoriality in the Global Economy", International Sociology 15, 2000, pp.372-393.

Scholte, Jan Aart, Globalization: a critical introduction, New York: ST. Martin's Press, INC., 2000, p.14.

Schweitzer. Louis. Mes années Renault: Entre Billancourt et le marché mondial. Paris: Gallimard, 2007.

Sklair L., The Transnational Capitalist Class, London: Blackwell, 2001.

Sirisagul, K.., "Global advertising practices: A comparative study", Journal of International Consumer Marketing 14-3, 2000, pp.77–97.

Spaeth, A. LOW-COST CARRIER, NEXT GENERATION: Barcelona-based Vueling has become one of Europe's most profitable 'new model' carriers, AIR INTERNATIONAL (LONDON-KEY PUBLISHING LTD, 2012).

Timmer, M. P., B. Los, R. Stehrer, G. J. de Vries, "Fragmentation, Incomes, and Jobs: An Analysis of European Competitiveness." Economic Policy. Vol. 28. No.76 (2013), pp 613-661.

Tulmets, Elsa. 2007. "Can the Discourse on "Soft Power" Help the EU to Bridge its capability-Expectations Gap?" European Political Economy

Review, No. 7 (Summer), 195-226.

UNCTAD. World Investment Report: Transnational Corporations, Extractive Industries and Development. New York: United Nations, 2007.

UNCTAD. UNCTAD training manual on statistics for FDI and the operations of TNCs. Vol. 2, Statistics on the Operations of Transnational Corporations. New York: United Nations Conference on Trade and Development, 2009.

Wade R., "Globalization and Its Limits: Reports on the Death of the National Economy are Greatly Exaggerated", In S. Berger and R. Dore (Eds.), National Diversity and Global Capitalism, Ithaca: Cornell University Press, 1996.

Waever, Ole. 1992. 'Nordic Nostalgia: Northern Europe after the Cold War', International Affairs Vol.68, No.1, 77-102.

Waters, Malcolm, Globalization, London: Routledge World, 1995.

Wellman, Barry and Hampton, Keith, "Living Networked On and Offline", Contemporary Sociology 28-6, Nov, 1999), pp.648-654.

Yeung, S., N. Tsang, Z, Lee. "An Importance-Performance Analysis of Low Cost Carriers in Asia," INTERNATIONAL JOURNAL OF HOSPITALITY AND TOURISM ADMINISTRATION, Vol. 13 No. 3 (2012).

Zanger, Sabine C. 2000. "Good Governance and European Aid: The Impact of Political conditionality." European Union Politics 1, (October), 293-317.

Zysman, J., "The Myth of a "Global" Economy: Enduring National Foundations and Emerging Regional Realities", New Political Economy 1-2, June 1986, pp.157-84.

안상욱

파리정치대학교(Sciences Po)와 파리3대학교(Universite Paris III)에서 수학하고, 파리3대학교에서 경제학박사(유럽지역학)학위를 수여받았다. 부경대학교 국제지역학부 교수로 재직하고 있으며, 한국유럽학회 총무이사를 역임하였다.

대표 저술로는
- 「세계화와 세방화 구현: 수렴성과 다양성의 선택」.
- 『인문연구』 57호 (2009), pp. 291-316.
- 「초국적 기업과 EU 소규모 국가 산업기반의 안정성: 르노와 벨기에 사례를 중심으로」. 『유럽연구』 29권 1호 (2011), pp. 221-252.
- 「EU의 ODA 정책과 무역정책: 보완성과 모순성」. 『국제지역연구』 15권 2호 (2011), pp. 69-92.
- 「EU의 양자간 무역협정 전략변화와 한-EU FTA」. 『유럽연구』 30권 2호 (2012). pp. 213-240.
- 「다국적기업의 중동부유럽 이전: 자동차 산업의 경우를 중심으로」, 『유럽연구』 32권 3호 (2014), pp. 85-107.
- 「경제통합과 저가항공 네트워크 발전: EU와 ASEAN 사례를 중심으로」, 『유럽연구』 34권 1호 (2016), pp. 287-308.
- 「세계기후 변화 대응과 중국의 부상」, 『중소연구』 42권 1호 (2018), pp. 101-134.

등이 있다.

세계화의 진전과 도전

초판인쇄 2019년 1월 7일
초판발행 2019년 1월 7일

지은이 안상욱
펴낸이 채종준
펴낸곳 한국학술정보㈜
주소 경기도 파주시 회동길 230(문발동)
전화 031) 908-3181(대표)
팩스 031) 908-3189
홈페이지 http://ebook.kstudy.com
전자우편 출판사업부 publish@kstudy.com
등록 제일산-115호(2000. 6. 19)

ISBN 978-89-268-8692-2 93340